学 习 之 光

**用对方法，
激发孩子的自主
学习力**

谢麟 著

人民邮电出版社
北 京

图书在版编目（CIP）数据

学习之光：用对方法，激发孩子的自主学习力 / 谢麟著. -- 北京：人民邮电出版社，2024.2
ISBN 978-7-115-63520-4

Ⅰ．①学… Ⅱ．①谢… Ⅲ．①中小学生－学习方法 Ⅳ．①G632.46

中国国家版本馆CIP数据核字(2024)第013063号

内 容 提 要

自主学习是一种自觉、主动而且积极的学习行为，对孩子而言是一种非常难得的对学习的自我管理行为，而自主学习力则是所有父母都希望孩子具备的能力。

本书内容融合了作者在提升孩子自主学习力方面的经验，全书共5章，第1章和第2章介绍提升孩子内驱力的方法；第3章和第4章介绍高效的学习方法，了解这些方法，父母才能为孩子提供更有力的支持；第5章介绍家庭教育中的常见问题及应对方法，以帮助父母更好地应对实践中的挑战。

本书适合广大中小学生的父母阅读，希望书中介绍的方法能帮助孩子提升自主学习力。

◆ 著　　　　　谢　麟
　　责任编辑　马雪伶
　　责任印制　胡　南

◆ 人民邮电出版社出版发行　　北京市丰台区成寿寺路11号
　　邮编　100164　　电子邮件　315@ptpress.com.cn
　　网址　https://www.ptpress.com.cn
　　北京联兴盛业印刷股份有限公司印刷

◆ 开本：880×1230　1/32
　　印张：7.375　　　　　　　2024年2月第1版
　　字数：144千字　　　　　2024年2月北京第1次印刷

定价：59.80元

读者服务热线：(010)81055410　印装质量热线：(010)81055316
反盗版热线：(010)81055315
广告经营许可证：京东市监广登字20170147号

专家推荐

　　读了谢麟写的这本书，非常欣喜！提升孩子的学习能力，改善孩子的学习感受，是很多家长的心愿。这本书的宝贵之处在于作者毫无保留地将多年积累的经验分享给家长，教家长激发孩子的自主学习力，帮助孩子改进学习方法。期待您从中收获心得，期待孩子快乐成长！

乔志宏

北京师范大学心理学部党委书记，教授，博士生导师

　　本书不仅分享了很多极具可操作性的方法，而且讲解了方法背后的逻辑。本书对很多问题的分析鞭辟入里、细致入微，给人一种作者在身边指导的感觉。相信这本书能帮您找到提升孩子自主学习力的路径与方法。

恽梅

《父母必读》杂志主编，北京市家庭教育研究会副会长

如何激发孩子的自主学习力，是一个让无数家长头疼的问题。这本书引起了我的共鸣：谢麟老师从孩子的成长规律入手，帮助家长抓住本质，以不变应万变。难能可贵的是，这本书详细讲解了很多富有创意的实操方法，用生动的案例和讲述方式分享教育方法及背后的逻辑，让这些方法易于理解和实践。愿谢麟老师的良苦用心和诚意分享可以帮助家长走出困局，让孩子更快乐，让家庭更幸福。

王蕾

北京五中教育集团党委书记兼校长，北京市特级校长

家长不越位，孩子不退缩。

本书直击家庭教育的关键问题：家长在孩子的学习中扮演什么样的角色，或者说在孩子的学习中如何把握参与度。为什么很多时候对孩子和家长而言学习都不是快乐的？其中多数原因是家长没有将这个度把握好：家长越位了，变成了深度参与者；孩子退缩了，成为被动参与者。而主动学习就是让学习回归本质：孩子自信、自律、自主，通过努力实现自我成长。用对方法，学习其实没那么难！

郑学化

乐清国际外国语学校总校校长，温州市心理咨询师协会副会长

太多家长因为孩子的学习而焦虑：或焦虑孩子不学习，或焦虑孩子不爱学习，或焦虑孩子学得不够好。他们在这种焦虑中变得焦急：或急于催促，或急于指责，或急于求助。可能家长更需要的是平和的内心、系统的方法：平和地面对孩子的成长，系统地教孩子如何学习。谢麟老师在这本书中提倡家长以提高自身学习力的方式来陪伴孩子提高学习力。阅读本书，让人茅塞顿开：原来这样就可以激发孩子自主学习！

虽然这本书是写给家长的，但是我想，身处教育一线的老师，还有忙于学习的孩子，都很适合读这本书。

崔佳

教育部学校规划建设发展中心项目专家

河北大学教育学院副教授，《校园里的有效沟通》作者

大多数家长的焦虑来自对孩子学习状态的不满意。如果您也如此，建议看看这本书，提升孩子自主学习力的关键点及方法都在这本书里。想更好地培养孩子的学习能力，激发孩子的学习动力，并引导孩子在学习中不断超越自我，阅读本书是一个很不错的选择。

秋叶

秋叶品牌创始人

教育孩子是家长的必修课，只有迫切的心情是远远不够的，还要有恰当、高效的方法。孩子生活的环境和所面对的学习要求与家长们儿时的不同，所以家长教育孩子不能靠回忆"我小时候……"。谢麟老师提供的好方法，能够帮助家长在了解孩子身心发展特点的基础上更好地引导孩子。

陈颖
北京市第五中学德育副校长

孩子是家长的宝贝，更是一本让家长读不完的"书"。作为家长的您，是否愿意静下心来读这本特别的"书"呢？只有读懂孩子，才能走近孩子，走进孩子的内心。拥有良好的亲子关系是非常宝贵的，也是家庭教育的前提和基础。如果您正在因孩子的教育而苦恼和焦虑，甚至束手无策，我推荐您读一读谢麟老师的这本书，相信您一定能从中汲取智慧和力量，成为受孩子尊敬和喜爱的家长！

康昕
北京市东城区黑芝麻胡同小学德育副校长

这本书真的让我眼前一亮！内容紧扣家长常遇到的问题，丰富的案例，清晰明了、可操作性强的方法，均可用来培养孩子的自主学习力。强烈推荐所有的家长，尤其是想要提升孩子的自主性、改善亲子关系的家长阅读这本书，我相信它对您是一种助力。

刘朝莹
行为契约教养法创始人，北京师范大学心理学博士尽管看过很多介绍学习方法的书，但这本书还是给了我不少惊喜。我将书中的方法分享给当了 30 年数学老师的老妈，这位老教师看完便分享给整个教研组的老师。我感动于作者的用心，并为她骄傲，因为书中介绍的方法能让孩子学习更轻松。孩子们都不易，我们做家长的要成为孩子成长路上的"资源供应商"——帮他们寻找"资源"，并检测其与孩子的匹配程度。感谢本书的作者，也感谢每一位用心实践的家长！

筝小钱

读书博主，《如何有效阅读一本书》作者

手把手教家长掌握方法，一步步激发孩子的学习力！

如何让孩子主动、高效地学习，这是家长普遍面临的问题。这本书不仅告诉我们自主、高效学习的心理学理论依据，还从自主性的培养、学习方法的改进、应考策略的优化等方面给出了具体而翔实的操作方法，让家长们更容易上手。

毛敏

北京景山学校心理教师，东城区骨干教师

一册在手，育子无忧！

这是一本实操性很强的书，融合了儿童心理特点与学习规律，整合了教育误区的应对方法与学习策略。生动的案例、可复制的对话、清晰的流程……构成了这本学习方法指南。聚焦"两招让孩子把学习当成自己的事""应对难题的四个步骤""明确目标五要素"等关键问题，解读孩子心理，帮助您对症下药。阅读这本书，您会和孩子共同成长！

石红

北京市师达中学高级教师

培养自主学习的孩子，做从容的父母

为什么写这本书

你好，我是谢麟，感谢你打开这本书。

首先，我想向你表达我的敬意，作为一位家长，肩负着培养孩子的重要责任，还要快节奏地处理工作和生活中的各种事情，真的很不容易。

信息爆炸和科技进步给孩子带来了更加丰富的学习资源，提供了更加便利的学习方式。但同时，孩子们也面临虚拟世界带来的风险，以及注意力被电子产品分散的问题。

我们很难预测未来孩子们会面对怎样的机遇与挑战，我们希望给予孩子更好的教育资源与支持，但我们常常会发现，我们的教育理念与所掌握的、使用过的方法往往不足以很好地激发孩子的自主学习力。很多家长为孩子学习缺乏自主性而苦恼，这正是推动我写这本书的主要原因。

我专注于中小学生自主学习力的提升已有 9 年多的时间。这些年我帮助 20 多名高中生考上清华大学或北京大学，帮助 100 多名中小学生提升学习成绩，还帮助 8000 多个家庭成功培养了孩子自主学习的习惯。

本书介绍了提升中小学生自主学习力的方法，这些方法清晰而具体、可操作性强，我希望这些方法可以帮助更多的孩子提升自主学习力，使他们能更从容地面对未来的挑战。同时，我也希望你能不再那么焦虑，因为你并不"孤单"，有许多家长经历过类似的困境，但结果是，只要家长掌握正确的方法，就能帮孩子提升自主学习力！

自主学习力提升模型

这些年我结合心理学、教育学的相关理论研究结果和大量的实践，总结出一套自主学习力提升模型：RMS自主学习力提升飞轮。

在实践中我发现，缺乏自主学习力的孩子可以大致分为两类。

第一类孩子，我叫他们"小忙"。他们学习比较主动，有一定的学习动力，但缺乏系统、高效的学习方法。

比如，"小忙"不知道整理错题有特有的步骤，不能只是把错题抄一遍。

"小忙"不知道为什么平常能做对的题考试时却做不对，不知道怎么能找准原因并进行针对性的训练。

"小忙"也不知道，在时间紧张的情况下，到底是先复习数学还是英语，不知道什么时候分开记忆更有效，以什么节奏学习知识点更容易出成果……

于是，"小忙"在学习上辛苦投入，却常常得不到与之匹配的回报，很容易自我怀疑和陷入迷茫——我是不是不够聪明？我可能就不是学习的料儿吧？久而久之，"小忙"的学习动力会变弱，甚至丧失学习的斗志。

对这类孩子来说，父母要找准目标、用对方法，让他们感受到自己的进步，从而更加自信。

第二类孩子，我叫他们"小催"。这类孩子的关键问题不是缺方法，而是缺学习的动力。他们学习的自主性弱，父母、老师催一下就学一下。甚至你催他努力，他劝你"躺平"；你给他建议，他说"你不懂""你不对"。真的让人很无奈。

"小催"缺乏学习动力有多种可能的原因，有可能他曾经是"小忙"，不断遭受挫败导致学习自信心变弱；有可能是在学习的过程中，他不仅得不到父母的指导与支持，还总被责备，被拿来与别人比较……

有的"小催"看着很听话，他们努力学习，但可能是在假学习，演给父母看，同时安慰自己"我真的尽力了"。有的"小催"似乎"不够听话"，他们沉迷于玩游戏或看视频，没少跟父母起冲突，有时候也想学习，但没学多久就想放弃。

对这类孩子，更重要、更紧迫的是提升他们学习的动力，让他们对学习产生更强的自主性并找回信心，否则学习方法再好也很难实施下去。

所以想要提升孩子的自主学习力，方法和动力缺一不可，对不同类型的孩子，在提升自主学习力的过程中侧重点会有所不同。但不管对哪种类型的孩子，想要提升其自主学习力，关系都是非常重要的基础。

亲子关系是一个人最早建立的人际关系，如果亲子关系是安全且"温暖"的，孩子就能感受到"我是重要的、有价值的""我是被接纳的、被爱的"，这种安全感和确定感，会让孩子内心无比安定且充满勇气，从而变得自信、自主。

本书讲了哪些内容

方法、动力、关系，是提升孩子自主学习力的三个核心要素，关系是重要的基础，方法和动力相辅相成，本书正是围绕这三个核心要素展开的。

第 1 章我会阐述提升孩子内驱力的具体方法。当然，学习不能只靠内驱力，孩子内驱力不足时就需要依靠外驱力。在孩子依靠外驱力学习的过程中，父母可以通过科学的方法慢慢帮孩子将外驱力转化为内驱力，所以在第2章，我将讲解帮孩子从"外驱"向"内驱"转变的实操技巧。

第3章、第4章主要围绕高效学习方法展开，你将了解到学习各主要环节对应的核心方法，以及从考试情况出发有针对性地帮孩子提升学习效率的技巧，理解这些内容很关键。

为什么父母也要了解学习方法？因为当父母不清楚整理错题有特有的步骤，只知道建议孩子"你要多做错题、多反思"时，效果和我们听到同事、领导说"你要多努力"时是一样的，这样的话在现实中无法成为我们的动力。所以父母有必要了解学习的核心方法，从而给孩子提供更具体的支持。但是请放心，你不需要精通这些方法，你只需要了解大概的内容，能在孩子学习遇到坎坷的时候把这些方法告诉孩子就行了。

我们将掌握的教育方法和技巧付诸实践的过程可能不会一帆风顺，实践之初孩子不愿意配合怎么办？孩子不愿意制定目标怎么办？孩子制定了目标完不成、坚持不下去又怎么办？这些常见的问题我会在第5章进行讨论，帮助你更好地应对实践中的挑战。

我在书中准备了8个彩蛋，彩蛋含有更多有用的资源，请一边阅读，一边去发掘吧！

这本书将带给你什么

这些年我学习了大量的心理学、教育学的专业知识，并结合自己的实践经验开发了系列课程，我的课程陆续被清华大学附属中学、北京市第五中学、北京市第十九中学、北京市中关村中学、北京市东城区府学胡同小学、北京市东城区黑芝麻胡同小学等数十所知名中小学引进并得到好评，课程内容就是这本书的重要素材。

我想，你或许可以通过本书理解以下三个方面的问题。

1. 误区

了解日常教育中常见的误区，陷入这些误区常常会让我们的教育效率低下，甚至由一个误区带来的负面影响需要巨大的努力才能消除。

2. 方法

掌握一系列实用的方法，解答你当前或未来可能遇到的教育困惑。同时我想提醒的是，人是变化的，一定要结合孩子的实际情况对方法进行调整，让方法更适合孩子。如果你使用了一些方法却没见效，请不要沮丧，给自己一些时间反思、调整并坚持下去，因为能力的培养就是一个长时间的过程，要相信自己，相信孩子。实在有困惑，你还可以通过答疑通道与我讨论和交流。

3. 思维

理解提升孩子自主学习力的底层原理，就能透过孩子的种种表现看到孩子成长过程中的需求，从而厘清教育的方向和重点。

本书使用指南

1. 关于阅读的顺序

你可以按先后顺序了解提升孩子自主学习力的完整框架及方法，也可以根据你当前最急迫想要解决或最关注的问题，直接阅读感兴趣的部分。本书的内容对小学一年级至高中三年级的学生家长来说都是适用的，为了方便不同家长理解，书中的案例涵盖小学、初中、高中不同阶段。

2. 答疑通道

每个孩子、每个家庭的情况都不同，在实践的过程中你可能会遇到一些书里没有提到的问题，我也担心书中的一些方法表达得不够完善，所以我准备了一个答疑通道，我们可以通过这个通道交流。

你可以扫描下方的二维码，关注微信公众号"谢麟学习力提升"，在菜单栏点击"书籍答疑"进入答疑通道。

带着目标的学习是更为高效的，所以我为你准备了一张表格，在阅读本书前，你可以尝试把平常最令你困惑的、你最想改变的孩子的行为写下来，并写下你曾经用过的方法和收到的效果，以及你的看法与分析。

最令我困惑或我最想改变的孩子的行为	我用过的方法和收到的效果	我的看法及分析	书中提到的教育方法	我的重新思考
孩子写作业总是拖拉磨蹭	方法：给孩子约定做作业的时长，用计时器提醒孩子。效果：不奏效，还是需要催	孩子时间观念太差，对学习缺乏主动性		

期待你在阅读本书时受到启发，重新对孩子的行为进行思考、分析，并找到值得尝试的教育方法。祝你顺利！

谢谢你读到这里，也请你加油，爱学习的你是孩子最好的榜样！

最后，请记住，作为家长，你已经付出了巨大的努力并取得了很多成功，请相信自己的直觉和智慧。在未来的日子里，我们一起努力，你多陪伴孩子，我多陪伴你。

谢麟

目录

第 1 章
不盯不催，孩子也能"不用扬鞭自奋蹄"

第2章
培养学习习惯，帮孩子从"外驱"到"内驱"

第3章
用对方法，孩子学得既主动又高效

第 **4** 章

五个应考策略，帮孩子抢下该得的每一分

第 5 章

目标设定与实践，让孩子逆袭成学霸

不盯不催，孩子也能

"不用扬鞭自奋蹄"

1.1

不自觉？
两招让孩子把学习当成自己的事

？怎样盯孩子写作业，孩子才能越来越自觉？

让孩子自觉学习的秘诀是什么？是自主感。自主感是指孩子觉得自己的行为是主动、自发的，而不是他人强制安排的。

做同一件事，有自主感和没自主感，孩子的主动性会完全不一样。比如，孩子跟小伙伴比赛跳绳，这个过程中孩子的身体肯定是累的，但如果这件事是孩子自己想做的，那么他不仅不觉得累，而且还觉得很开心。

又比如，父母要求孩子每天要完成跳绳 500 个并且打卡，孩子如果不想做，那么他会觉得这是个任务，很可能会排斥、拖延、抱怨。之所以会这样，关键是孩子对每天跳绳 500 个并打卡缺乏自主感。

人对自己主动选择要做的事情会更加有动力执行。

当孩子缺乏自主感，通常会有以下一些表现。

- 不喜欢被安排，一说要沟通学习任务，他就闷闷不乐、一拖再拖，甚至反对。
- 对学习表现出无所谓的态度，给人一种不在意学习的感觉。
- 大事小事都很依赖父母，学习上推一步走一步，很少主动去规划和思考。
- 容易否定自己，觉得自己没有价值，太在意别人对自己的评价。

所以，想要让孩子把学习当成自己的事，自觉主动地学习，增强孩子的自主感非常关键。具体要怎么做呢？接下来，我介绍两个实用的"招式"。

1. 示弱，给孩子表现的机会

向孩子示弱，说来简单，但做起来并不容易。正因为孩子面对的很多事情对我们来说太简单了，所以我们一不小心就"抢走了"孩子的表现机会。

比如，要出门了，孩子自己收拾东西很慢，眼看就要迟到了。收拾东西这件事对我们成年人来说多简单啊，于是父母直接上手帮孩子收拾好。但这样孩子的自主感就被剥夺了，下次出门时他可能就不慌不忙，觉得紧急的情况下父母一定会出手帮他解决。孩子的事情就这么变成了父母的事情。

又如，孩子要上学，父母预感今天上数学课要用到尺子，于是叮嘱孩子把尺子、圆规这些文具都带上。放学回家后，孩子说今天上课果然用到了这些文具。这时候，如果父母说"你看吧，要不是早上我提醒你，你肯定又忘记带了"，就硬生生把孩子的"功劳"抢走了。

父母显得很"强"，孩子显得很"弱"，孩子心中就会有一种感觉：果然带文具这种事情我总是掌控不好。这时候，伴随着这种感觉的产生而消失的是孩子对一件事情的自主感——当他觉得自己不能控制的时候，就不想主动去做了，于是准备文具这种事情，他就继续等着父母来提醒、安排。

如果父母换一种方式回应，跟孩子说："哦，太好了，幸好都带上了。下次再上数学课，你要怎么做才能确保把文具都准备齐全呢？"这就是一种"示弱"，这样反而能引导孩子思考自己怎么在课前准备文具。

示弱，常常会让父母误以为是失去控制权或不负责任。父母的人生经验比孩子要多得多，懂得更多的人生道理，所以父母希望孩子少走弯路，时常忍不住帮孩子承担一些事情。可是回想一下，父母悟出的那些深刻的人生道理，哪条不是踩了坑、受了苦才悟出来的？想要孩子自己悟出人生道理，就必然要他踩坑、碰壁，去做一些在父母看来低效的事情。父母给的是父母的，孩子自己经历后获得的才是他自己的。

示弱本质上是表示信任，相信孩子能够成长起来。不是因为孩子做得到父母才信任他；而是因为父母信任他，他才相信自己能做到，最终才有可能真正做得到。

我记得有位小学生家长在听完我的课后就进行实践，这位家长跟我说："在督促孩子复习当天学的生字时，孩子说'我要跳着写！'，我本想说'跳着写不好，应该顺着写！'，但是想到了老师讲的内容，就问孩子'你为什么要跳着写啊？'，孩子说'我先写难的，再写容易的；精力好的时候写难的，不好的时候写容易的。'，我说'哦，你还挺有想法的，那你就这样写吧。'，结果我发现孩子得到肯定后，写字的坐姿都更端正了。"

还有一位二年级学生的家长向我求助，她的孩子上数学课时总会忍不住跟别的同学说话，我给她支了一招儿——每周在家里办个小课堂，让孩子给大人上课，有时作为"学生"的大人会故意在课上讲话。结果一个多月过去，她说孩子在课上讲话的情况少了很多。不仅如此，孩子的数学作业每次都能按时完成，还经常被评为优秀。

这是因为，孩子平常都是被大人教，大人是那个更"强"的人，当孩子转变成老师去教大人的时候，有了展现自己的机会，自主感就会被激发。为了更好地教大人，孩子自然而然地就会在课堂上更认真地听，在课后更认真地学。而且，当孩子作为"老师"时，他也能更直观地体会到"学生"在课上讲话时自己的感受，于是他对课堂规则的理解和认同就得到了加强。

你看，父母适当示弱，给孩子一些表现的机会，孩子的自主感就会被充分激发出来，状态也会很不一样。

你可以思考一下，在平常的生活、学习中，哪些事情是可以尝试让孩子去做、给孩子一些表现机会的。

2. 等待，给孩子试错的空间

增强孩子自主感的第二招儿是等待。孩子能力的提升是一个长时间的过程，在这个过程里，孩子很有可能会犯错。而等待，就是给孩子一些时间，让他自己去感受和反思错误、寻找方法，这样孩子才会有更强的自主感。

比如，孩子抄写字词，如果刚写一个字，父母立马指出哪里写得不好，那么孩子的试错空间就很小。虽然父母的及时反馈让孩子第一时间改正了错误，而且完成作业的效率看起来很高，但如果下一次孩子写作业时父母不盯着，他写作业的效率和质量很可能直线下降。

这是因为孩子还没来得及自己反思不足并解决问题，就被提醒把问题解决了，孩子的自主感没有被激发，以后自然也就不会想着主动思考问题、解决问题，而是继续等父母提醒。

另外，在这种频繁的提醒下，孩子即使把事情做好了，他也不觉得成果是自己的，他觉得是"爸爸妈妈行"而不是"我自己行"，所以自信心很难培养起来。

想象一下，如果领导总是盯着你工作，你做每一件事领导都要马上指出问题，然后让你改正，久而久之，你还会主动去思考怎么将工作做得更好吗？

所以，一定要给孩子足够的试错空间，引导孩子主动反思、主动解决问题。

具体可以怎么做呢？其实就是父母慢一点反馈，看到孩子出错，先观察一段时间再告诉孩子。

以写字这件事为例，父母可以这样做：先让孩子独自写一部分，比如一共两页字，可以分成四个部分，孩子写字的时候，父母做自己的事，孩子每写完一部分，父母带着孩子复盘一次。

复盘时可以把孩子写得好的字甚至写得好的某个笔画圈出来，然后告诉孩子，这些都是写得很标准的地方，让他按照这个标准自己检查其他字，并且想一想要怎么改进。这样，孩子就有更强的自主感，也就更愿意主动反思和解决问题。

当然，孩子自己也有可能检查不出来，这时需要父母多一些耐心，带着孩子检查，给孩子示范怎么检查，再让孩子自己检查。一次不行，就多示范几次。

这样给孩子试错空间的教育方式，可能比较"费爸""费妈"。从完成作业的角度来说，速度确实显得慢；但从提升孩子自主学习力的角度来说，速度一定是更快的！

很多时候，因为小学的学科内容相对简单，父母就很容易承担孩子学习中的"改错功能"，导致孩子独立解决问题的能力得不到充分发展。孩子进入初中，学习任务变重，对自主学习能力的要求更高，父母此时可能没能力再帮孩子"改错"，孩子就很难自己应对学习上的挑战，也就容易感到挫败，失去信心。

以上列举的虽然是小学生的案例，但方法同样适用于中学生家长。比如，当你希望孩子更好地管理手机，更好地制订学习计划时，记得多给孩子一些试错空间。一开始孩子使用的方法可能只有 30 分的水平，但没关系，让孩子去尝试，一段时间后再跟孩子复盘，看哪些方法有效，哪些没效果，持续改进，最终孩子就能慢慢地摸索出 60 分、80 分的方法。

但如果父母一看到孩子 30 分的方法没有效果，就告诉他 90 分的方法应该是什么样的，孩子很可能不再愿意尝试。

学习就是这样，当父母的一些包办、催促剥夺了孩子激发学习自主感的机会后，他自然不会产生"为了自己而学"的想法，而是觉得自己是"为了父母而学"，也就不会产生学习内驱力。

父母可以这样做

1. 让孩子把学到的某个知识点讲给你听，可以增强孩子的自主感。

2. 尝试多用"提问"代替"命令"，比如用"你准备怎么安排今天的作业？"代替"赶紧写作业吧，写完数学还有语文呢！"。

3. 周末的家庭活动，让孩子负责部分或全部事项的安排。

4. 哪怕孩子做得不完美，也要找到孩子做得好的某一点，及时给予肯定和鼓励。

1.2

不独立？
用自然后果法让孩子学会为自己负责

？ 为什么有时候越批评孩子，孩子反而越无动于衷？

1. 让孩子体验行为带来的后果

　　法国启蒙思想家让－雅克·卢梭提出过一种教育方法叫自然后果法，可以用来培养孩子的主动性，让孩子为自己负起责任。自然后果法的核心是通过让孩子亲身体验行为与后果的关联，承担自己行为的后果，从而改善自己的行为。

　　比如，到了吃饭时间不吃饭，这是孩子的行为；等他饿了没有饭菜吃，这就是后果。早上起床磨蹭，这是行为；上学迟到，这是后果。玩手机耽误睡觉、早上起不来床，这是行为；迟到被老师批评，这是后果。不整理书包，这是行为；书包太乱导致漏带了文具影响上课，这是后果。

这些后果都是孩子的行为带来的，只要其他人不干涉，孩子自然会"尝到后果"。

但是，如果父母忍不住帮孩子，孩子就失去了感受后果的机会，也就很难主动为自己的行为负责，变得独立自主。

比如，过了吃饭的时间，父母不忍心孩子挨饿，于是给他做饭。父母一边念叨孩子不主动收拾书桌，一边开始帮孩子整理。孩子起晚要迟到了，父母打电话和老师解释，生怕坏了孩子在老师心中的印象。

这些行为其实无形中阻止了孩子体验后果与行为的关系，当下好像避免了一些麻烦，但长期来看，反而让孩子失去了对自己负责的能力。

当父母一边严厉地批评孩子，一边却帮孩子解决问题，孩子就会觉得：虽然爸妈那么严厉地批评我，但他们还是会帮我做的。孩子甚至会觉得，承受父母的批评就是承受了不良行为带来的后果，久而久之，批评的效果就越来越差。

父母批评孩子，是为了让孩子改变，但孩子容易把批评当成事情的终点。

2. 自然后果法的实践步骤

使用自然后果法并不等于完全放开，让孩子自己管自己。使用自然后果法可以分为以下三步进行。

第一步，辨别一件事潜在的后果是否适合让孩子体验。

有一些事情产生的后果可能会危及孩子的身心健康，或者对他人造成不好的影响，这些事情是不适合用自然后果法的。

比如，孩子才小学三年级，让他单独外出，让他自己做饭，若出现意外对孩子的伤害很大；孩子才上中学，让他和网友旅游，这也是有风险的；孩子正在长身体，却吃很多垃圾食品，他可能意识不到这种行为的坏处，想让孩子体验后果再自行改善是很难的。

但上文提到的孩子不按时吃饭、起床磨蹭、不整理书包等，这类事情的后果，孩子承受几次也不是什么大事。比起孩子养成做事不负责任的习惯，这些都是能承受的。

第二步，在孩子的行为改善前，父母要提醒孩子可能会产生的后果，同时表达对他的信任。

比如提醒孩子："你已经长大了，我相信你能为自己的事情负责，洗干净校服是你能做到的，你肯定也不想下周穿脏衣服。"

"你已经是高中生了，我相信你能自己管理好手机，原来你一边写作业一边查答案，总是很晚才睡，你肯定不愿意同学们天天盯着你的黑眼圈看。"

"你书包里很乱，你常常因为书包很乱而漏带文具，如果漏带了东西，我是不会帮你送东西到学校的，你肯定也不想被老师说。我相信你自己能安排好。"

"现在全家人都在吃晚饭，你现在不吃的话，就得等明天早上才有饭吃。我相信你会照顾好自己的。"

！ 父母提醒的是孩子的行为对应的自然后果，而不是父母人为设置的惩罚。

拿上面的例子来说，如果跟孩子说"如果你现在不吃饭，你这个星期的零花钱我就要全部没收"，零花钱被没收并不是"不吃饭"这个行为对应的自然后果，而是人为设置的惩罚，这样是无法让孩子将自己的行为与行为带来的后果联系起来的，孩子只会觉得"什么都是你说了算"，孩子管理自己吃饭这件事的自主感也被剥夺。孩子觉得自己处处被管束，心里就会有怨气，甚至有时候还会反抗。这时父母也很委屈：明明就是孩子自己的事情，倒变成父母的事了，为了孩子好还要被埋怨。所以一定要注意，提醒孩子的应该是行为会带来的自然后果，而不是人为设置的惩罚。

这样的提醒只进行一次就行，确保提醒时孩子听明白了，如果孩子还是不改善他的行为，那就让他体验行为所带来的后果。

父母一定不要去干预，要相信孩子是会改善的。其实把决定权还给孩子后，大多数孩子反而会在实践中学会更谨慎地做决定。

第三步，安抚孩子的情绪，及时复盘，引导孩子下一次的行为。

当看到孩子体验到行为带来的后果后，父母不要和孩子说："你看，我都说了不要……你听我的就不会这样了。"孩子好不容易因为吃了亏要长记性了，父母这样说就会使孩子觉得"果然靠我自己是做不到的，下次还是靠你们吧"。

这时候应该怎么做呢？父母可以安抚孩子的情绪，站在孩子的角度去理解他的感受，引导孩子做出改变。比如，可以跟孩子说："你心里肯定不好受吧，下次你准备怎么做呀？"

一位中学生的家长告诉我，有一次她儿子因为赖床上学迟到了，老师比较严格，就让孩子站着上早读课。孩子回家后提起这件事，她是这么对孩子说的："嗯，你站了那么久，肯定又累又难受，可是没办法，你迟到了就要面临这样的后果。你现在怎么想的，以后准备怎么办？"孩子很郁闷地说："以后闹钟一响我就起床，绝对不再迟到了，丢不起这个人！"第二天，孩子果然很早就起床了，以后也没有再迟到过。

一位小学生的家长也遇到类似的情况，孩子磨蹭不起床，听我讲了自然后果法之后，觉得可以试试，但是又担心孩子承受不住惩罚，她觉得自己的孩子如果被老师批评一次，可能几周内都不想上这门课，怎么办呢?

那就换种方式让孩子体验赖床带来的后果。这位妈妈买了两张周末上午的电影票，并且告诉了孩子。周末的时候，孩子又赖床，妈妈提醒了一次，告诉孩子要是他起晚的话，今天一天的行程都会被耽误。孩子听了当然没什么反应，继续赖床。

孩子起床后，这位妈妈满脸遗憾地告诉孩子："唉，你今天起晚了，我们赶不上去看电影了。"孩子听后怪妈妈不提前叫他起来，还吵着要妈妈重新买票。

这位妈妈没有满足孩子的要求，只是告诉孩子："我知道你心里不好受，但是没办法，起晚错过了电影，这就是你要承担的后果。"等孩子情绪稳定后，妈妈开始引导孩子："你看，赖床这个行为是不是会给你带来一些不好的后果?你心里不好受吧?我以后还会给你准备你喜欢的活动，但我真的好希望你不会再因为赖床错过了。你以后打算怎么办呢?"

孩子说："我要改掉这个毛病，早上不赖床了。"于是，妈妈跟孩子一起制订计划。开始执行计划时，妈妈会提供一些协助，每天早上帮孩子拉开窗帘、打开门，然后孩子再起床;后来，孩子逐渐可以不用妈妈的协助，定下闹钟自己起床。经过一段时间的适应和共同努力，孩子大部分时间都不会再赖床了，最后也如愿和妈妈一起参加了不少喜欢的活动。

在使用自然后果法的过程中需要注意以下几点。

- 如果父母以前一直避免孩子承担他不良行为带来的后果，那么突然的转变可能会引起孩子的抵触，此时记得不要责备孩子。任何人突然失去依赖都是会有情绪的。这时父母需要做的是安抚孩子的情绪，表达对孩子的信任，但同时坚守底线!

- 如果家里有老人，记得跟老人提前沟通好：不要帮孩子，否则我们的计划就会失效。

- 如果孩子体验了不良行为带来的自然后果，还总是在同样的地方出问题，这时父母需要分析具体的原因，有针对性地给孩子提供指导和帮助。

我见过不少初中生甚至高中生，穿衣服、收拾房间都还依赖父母，甚至上学忘带文具，还得父母送去。有的孩子写作业总是粗心却不会检查，要靠父母来检查。

有的家长还很疑惑，跟我说："哎呀，老师，我们就从来没有让孩子干过什么特别重的活，生活上我们都会帮他安排好，结果还学成这样!"

正是因为父母在生活中没有给孩子承担后果的机会，孩子对很多事才缺少能自主掌控的感觉。生活中没有自主感，学习中也很难有自主感。

所以，父母要尝试放手，让孩子承担其行为自然产生的后果，不要怕孩子走弯路。孩子就是在磕磕碰碰中成长起来的，只有他自己才能摸索出属于自己的成长道路。

父母可以这样做

观看奥斯卡最佳动画短片《鹬》，感受一下鹬妈妈如何坚持放手，让鹬宝宝顺利走向独立，走向自主。

1.3

不自信?
科学表扬，夸出孩子的学习自信心

? 为什么有时候表扬孩子，孩子反而变骄傲了?

1. 表扬会让孩子变骄傲吗

一提到表扬，我常常听到两种不同的声音。

"确实要多表扬，多表扬孩子，他会更有动力，更有自信心。"

"不能总表扬，表扬多了孩子就骄傲了。"

究竟要不要表扬呢?

答案是，要表扬，但表扬的方式很重要，方式错了，还不如不表扬。

斯坦福大学心理学教授卡罗尔·德韦克曾做过一项关于表扬的

研究。在实验中，她让孩子们完成一种简单的智力拼图，同时对完成的孩子们进行不同的表扬。其中一组孩子收到的表扬是"你很聪明，你很有天分"，另一组孩子收到的表扬是"你一定很努力，所以才表现得这么好"。

被表扬后，孩子们要参加第二轮智力拼图测试，她让孩子们自己选择，是继续做第一次的那种简单的智力拼图，还是挑战更难的智力拼图。

结果让人很惊讶，那些被表扬"很聪明"的孩子，大部分都选择做第一次做过的智力拼图；而那些被表扬"很努力"的孩子，大部分都选了更有挑战性的智力拼图。

她还发现，当在拼图测试中遇到挫折时，那些被表扬"很聪明"的孩子更加容易沮丧和紧张，而那些被表扬"很努力"的孩子更愿意想办法克服困难。

当孩子们做了几轮测试、经历了一些挫折后，她让这些孩子们重新做一次实验开始时做的那种简单的智力拼图，结果发现，被表扬"很努力"的孩子获得的分数比第一次的提升了30%左右，而被表扬"很聪明"的孩子获得的分数比第一次的下降了20%左右。

同样是表扬，方式不同，效果差异也非常大，错误的表扬方式对孩子有明显的负面作用。为什么会这样呢？

因为"天分""聪明"是不容易改变的自身特征，当我们只表扬孩子聪明时，孩子会误以为自己做得到是因为自己聪明而不是因为自己努力；当他做不好时，他会觉得自己不够聪明，再努力也没用，于是自信心受挫，甚至为了躲避被贴上"不聪明"的标签而躲避挑战。"真厉害，你真是未来的书法家！""你脑子真灵光，一看就有数学天赋！"之类的表扬方式也是一样，会让孩子有很大的压力。

而"努力"是容易改变的行为，当我们表扬孩子努力时，孩子会觉得结果是自己可以掌控的，自己可以通过付出和努力改变结果，于是遇到挫折时更愿意去想办法面对，也更愿意接受挑战。

曾经有位爸爸向我咨询，说他的孩子最近背诵课文很不上心。我了解到孩子一开始表现很好，背得特别快，于是爸爸就表扬孩子："你真棒！我背得都没有你快！"结果孩子骄傲了，就开始不用心了。

这是不少父母都担心的情况——表扬孩子后，孩子会不会骄傲啊？其实问题出在表扬的方式上，"你真棒！我背得都没有你快"，这样的表扬并没有聚焦到孩子可以控制的某种行为上，只是在做一个结果的比较，潜台词是"你比我有天分""你比我更厉害"。孩子不确定下次是不是还能背得这么快，担心不能再次得到表扬，于是不再去接受新的挑战（背诵新的内容），因为这样他就能一直拥有"背得比爸爸快"这个标签。

所以，表扬方式很重要。那么，具体要怎么表扬呢？

2. 科学表扬的公式

科学表扬的公式：描述积极的事实 + 描述感受 + 总结一个赞赏词。接下来，我详细介绍公式中的每个部分具体可以如何表达。

第一部分，描述积极的事实。

将我们观察到的孩子积极的一面描述出来，比如孩子好的态度、好的心意、好的方法等。

科学研究发现，表扬要明确、具体，才能发挥作用。比如"我发现你今天回家主动把要写的作业拿出来了""我发现我今天一提醒你，你比起原来更快地放下手机了"，这样的表扬就比空泛地说"你今天表现很棒"更加具体。

想象一下，如果同事或者领导夸你"你真优秀"，你是不是有种很空泛的感觉，或者你会疑惑自己到底是哪里优秀。但是如果他们说："你真的很优秀，上周的工作中突然出现意外情况，本来这件事不归你管，但你还是在非常短的时间里跟各方沟通好，帮忙把问题解决了，你这份责任心和执行力真的很难得。"这样的表扬让人听着就感觉真诚很多，而且你也能知道下次怎么做能再次获得别人的认可。

为了帮助你更好地实践，我提炼了"AES+A"的表达技巧，"AES"分别指态度（Attitude）、努力（Effort）、方法（Strategy），

"A"是指行为（Action）。我们可以观察一件事情中孩子的态度、付出的努力、用过的方法，发现孩子做得好的行为，然后进行表扬。

比如可以这样表扬。

- 夸态度。"我觉得你最近对英语学习真的重视很多，因为我发现你睡前都会花点儿时间记单词或者翻一翻笔记（具体行为）。"
- 夸努力。"你前段时间真的很努力，我看你自己打开习题做练习（具体行为），真的是在认真下功夫。"
- 夸方法。"我发现你学数学很讲究方法，你现在为了避免自己看漏、看错题目条件，会用笔把题目里的条件画出来，而且誊抄到草稿上的字迹也很工整（具体行为）。"

当我们清晰地描述出所看到的孩子的积极行为时，孩子首先感受到的就是自己被关注了，这会让孩子产生改变自己行为的动力；而当孩子了解到是自己的哪些行为被关注时，他就更清楚做什么、怎么做才是对的。就这样，孩子的积极行为得到了强化。

第二部分，描述感受。

描述孩子的积极行为让我们有怎样的感受，这样可以让孩子知道他的行为对别人产生了怎样的积极影响，从而让他更想多做类似的事。

比如可以这样说：

"看到你这么努力，我真的很欣慰。"

"你这么有礼貌，我觉得很骄傲。"

"你能坚持这么久，我很佩服你。"

"今天你主动帮我做家务，我既心疼你，又觉得好感动。"

"欣慰、骄傲、佩服、心疼、感动"，这些词都是在表达感受。

如果你不知道用什么词表扬孩子比较合适，可以这样做：直接问孩子他觉得自己哪里做得好，让孩子自己说出想被表扬的"词"。

比如，孩子很兴奋地跟你说他完成了某件事，明显是求表扬的样子，你就可以跟孩子说："哇，你做到了！你觉得这件事你哪里做得比较好呀"。还可以这样说："哦，你做到了，你爸爸要是知道了，他会怎么表扬你呢""王老师（孩子最喜欢的老师）如果知道了，她会怎么表扬你呢"。

第三部分，把孩子值得赞赏的行为总结为一个词。

这个词最好是与能力、品质相关的，因为能力、品质是更加稳定的正向标签，这样有助于孩子慢慢形成积极的自我认识并肯定自己。但需要注意，这种能力或品质一定是你内心认同的，否则孩子可能感受到表扬是虚假的。

比如，与能力相关的词：沟通能力、问题解决能力、观察能力、组织能力、创造力、想象力、学习能力、领导能力、模仿能力、抗压能力、适应能力、动手能力等。

与品质相关的词：热情、细心、认真、勇敢、善良、坚韧、大度、直爽、坦诚、自主、乐观、谨慎、自律、勤奋、团结、守信、诚实等。

讲完科学表扬的公式之后，我们再用两个案例来巩固一下，你可以先尝试自己写一下表扬的话术，再看我提供的参考。

案例 1

你发现孩子最近写作业有进步，作业写得很快，而且错别字很少，作业还得到了老师的好评。

表扬方式参考：我发现你最近完成作业的效率很高，你把一些会吸引你注意力的东西都从书桌上拿开了，写的时候很专注，而且错别字很少，我听说你的作业还被老师表扬了（行为）。看到你这么努力，我感觉特别踏实（感受），我觉得你学习主动性越来越强了（赞赏词）。

案例2

跟孩子约好了去看电影，本来要出门了，结果你临时有个工作要处理，孩子在旁边安静地等着你。

表扬方式参考：谢谢你等了我这么久，我发现你没有跟我发脾气，而是耐心等我（行为），我真的挺感动的（感受）。你真的长大了，是个体贴的孩子（赞赏词）。

一件事情从付出努力到产生结果，这中间的过程往往很长，我们常常更容易关注结果而不是过程，如果孩子在努力的过程中得不到一些正向的反馈，就很容易失去信心甚至放弃。

表扬的本质就是把我们观察到的孩子做得好的、做得对的地方反馈给他，告诉他"我在关注你，而且我注意到你在努力，看到你变得更优秀"。这样的认可会增强孩子的归属感和自信心。

我发现，很多父母常常是卡在第一部分——发现孩子的积极点。很多时候我们看不见孩子身上的闪光点，觉得他所做的都是"应该"的，或者觉得事情太简单了，实在夸不出细节，这正是我们要去训练的地方。

不管什么事情，哪怕看起来孩子的行为是错的，也一定存在积极点。

比如，孩子跑过来跟你说他不想上学了，这件事里的积极点是什么？

这件事里的积极点是，孩子至少愿意跟我们交流他真实的想法。你想啊，如果孩子都不跟我们交流，直接就不去上学了，是不是更加棘手？

再比如，孩子很固执，积极点是什么呢？说明孩子不容易半途而废。

如果我们总是习惯性地看到孩子的不足，经常批评他，孩子就很难自信起来。但当我们总是关注孩子做得好的地方，并用表扬的方式反馈给孩子，哪怕一开始好的地方非常细小，孩子也会越做越好。

当"对"的部分总是被强化，孩子的时间都用来做那些"对"的事情，自然就没有更多时间来做错的事情了。

彩蛋 1

为了帮助你更好地实践，我准备了三个表扬的小技巧，在公众号"谢麟学习力提升"回复"表扬"即可获取。

1.4

没兴趣？
这样激发孩子的求知欲

1. 保护好奇心的沟通技巧

人类天生就愿意主动发现新事物，孩子们天生就充满了好奇心，他们会对世界上的一切事物感到好奇，并且渴望探索这个世界。但是随着时间的推移，孩子的好奇心常常会因为各种因素而变弱甚至消失，孩子变得越来越不敢尝试新事物。

那么，在孩子成长的过程中，父母要如何保护他们的好奇心呢？

对于孩子提出的一些问题，父母要少否定，多回应。

有时候父母可能会觉得孩子提出的问题很无厘头或太简单；或者父母工作很累，面对孩子一个又一个问题的时候，会忽略孩子或敷衍过去。其实这样就错过了保护、放大孩子求知欲的机会。

我们先来看一段对话。

孩子："妈妈，你说我以后适合做什么工作呢？"

妈妈："嗯，我觉得医生就挺不错的。"

孩子："为什么？"

妈妈："你看你小姨就是医生，有自己擅长的一门技能，很吃香。"

孩子："哦，我觉得做明星主播挺好的。"

妈妈："啊？！但你也没有学过什么才艺啊，咱们家也就是普通家庭。"

孩子："可是我就是觉得挺好的，以后努力说不定可以成功。"

妈妈："这你怎么努力啊？"

孩子："不说了，你不懂。"

不难看出，妈妈对孩子未来想做明星主播的想法并不认同，于是否定孩子的想法，谈话不欢而散。你可能有疑问：孩子的想法确实不现实，难道要同意吗？

其实孩子对职业的了解是不够全面的，就像案例中的孩子，这时候他提出自己未来想做明星主播，纯粹只是好奇而已，不如就利用这份好奇，引导孩子进一步对职业、对自己进行探索。比如，这个职业是做什么的？需要掌握哪些技能和知识？怎样性格的人会更适合？孩子的性格又是怎样的？

这些探索都是非常重要的，特别是到了高中要考虑大学专业选择的时候，可以让你做决策时不那么盲目和仓促。

具体怎么沟通呢？

我们来看另一组对话，看看如何就着孩子的好奇心，引导孩子深入探索好奇的领域。

孩子："妈妈，你说我以后适合做什么工作呢？"

妈妈："你自己是怎么想的呢？你有好奇的工作吗？"（不直接给建议，先询问孩子的想法）

孩子："有，我觉得做明星主播就不错！"

妈妈："哦，明星主播，为什么呢？是什么东西比较吸引你？"（继续了解孩子的想法）

孩子："我觉得我工作的时候朋友们都能看到我。"

妈妈："哦，为什么想让别人都看到你呢？"（继续了解孩子的想法）

孩子："我们现在放学就看不到同学了，假如以后都工作了，我的工作是在网上当明星主播的话，我就能一边工作一边跟好朋友聊天。"

妈妈："看来你真的很在意你的朋友们，那你了解当明星主播都要需要哪些条件吗？"（引导孩子探索职业）

孩子："还不太了解。"

妈妈："嗯，我也不是很清楚，不过我非常愿意陪你一起去了解一下，看看我们要提前做哪些准备，也看看你是不是真的适合。我们还可以看看其他类似的职业，说不定还有更适合你的，你说呢？"（引导孩子探索职业）

孩子："好的！"

你看，当父母耐心去询问孩子原因，倾听孩子，理解孩子，不否定和评价孩子的想法，孩子也会跟父母表达他内心的想法，这样，父母就能利用孩子的好奇心，促进孩子了解更多有益于自身成长的信息。

孩子处于一个探索的年纪，兴趣经常会变，当父母不轻易评价、否定孩子的兴趣时，孩子感受到父母的包容，就会愿意跟父母聊更多，父母才有更多的机会把自己知道的信息提供给他，帮助他去找到答案。

2. 激发求知欲的提问方式

为了便于实践，我总结了以下的提问方式，来引导孩子深入思考。

- 你对这个问题是怎么想的呢？
- 你观察到了什么？看到这个，你想到了什么？
- 你觉得这个跟哪个东西很像？
- 这几者间有什么相同之处和不同之处吗？
- 为什么会这样？为什么不是那样？
- 如果是／不是这样，会怎么样？
- 如果结果是／不是这样，说明什么？

这样的提问不仅可以引导孩子和鼓励孩子继续探索、寻找答案，而且，这些问题也能训练孩子的逻辑思维能力。要知道，数学、语文等学科的学习都离不开逻辑思维能力。不管是小学生还是中学生，父母都可以在平常的对话中从这些角度与孩子展开讨论。

对于年龄大一些的孩子，父母还可以多向孩子提问、请教，给孩子更多的机会去探索问题并跟父母分享。比如孩子喜欢玩游戏，父母就可以问他：

"为什么有这么多人喜欢玩游戏，而且还在这上面花钱呢？游戏到底给人提供了什么价值呢？"

"有人说玩游戏也是一种学习，从不知道怎么操作到闯关升级。但为什么玩游戏这种学习没人觉得它难，对其他的学习就感觉很难呢？"

我们还可以多跟孩子讨论一些事件中当事人的感受是什么，他为什么要做出某些行为。

甚至讨论一些更有深度的话题，比如：信息过载的时代，我们的生活有哪些变化？有人说信息过载让人更容易焦虑，有人说信息过载让人能更低成本地获取知识，你怎么看？你觉得信息过载带给我们的挑战是什么？

这些讨论一方面能拓展孩子对世界的认知，增加活生生的作文素材；另一方面也能增强孩子对感受、情绪的敏锐度，提高孩子的情商，孩子的好奇心也在这个过程中得到了保护。

而且，很多知名大学在升学面试时，非常喜欢问的就是这类能体现孩子独立思考能力的问题，想要回答好这类问题，要靠日常积累。

当然，如果你觉得平常工作真的很累了，有时候没精力和孩子深入讨论，那么可以尝试做更简单的回应，比如不评价孩子、不否定孩子，对孩子提出的问题就回应一句："嗯！这是个好问题，我也很好奇。要不周末我们去书店或者你自己上网查查资料，然后你给我们分享你的看法，好不好？"

这样也挺好的，没有100分的父母，做了就比没做强！我们跟孩子一样，一点点去努力、去成长就好。

美国心理学家卡尔·罗杰斯说过，每个人都有内部学习动力，这一动力是与生俱来的——每个人天生就具有求知欲、好奇心和创造性。

保护好孩子的好奇心、求知欲，这就是孩子强大的学习内驱力！

父母可以这样做

如果你想和孩子进行一次讨论，以下是三个可以讨论的话题。

1. 小学：交通规则为什么规定红灯停、绿灯行？能不能换一下？
2. 小学：车的宽度都差不多，为什么没有人制造更宽的车？
3. 中学：天赋和勤奋哪个更重要？

1.5

总要催？
一个方法，让孩子主动想学习

? 为什么不给孩子报课外辅导班，孩子反而学习更积极了？

1. 为什么孩子学习总要催

"一提起玩游戏孩子就十分积极，一说学习就总是要催！"我知道这是让很多家长困惑和苦恼的事。为什么孩子学习总要催呢？游戏吸引孩子"主动"的秘诀是什么？

是饥饿感！游戏就是利用人的饥饿感，让人对它好奇甚至上瘾。比如闯关类的游戏，经常会提前宣传下一关有什么亮点、装备，让人充满期待，但是想玩下一关，必须先闯过当前这关，于是大家都拼尽全力地去攻破当前的关卡。

电视剧也是一样，总是会在当前这集的结尾预先播放下一集那些让人好奇的片段，给你留足悬念。

学习也是一样的道理，当孩子好不容易在学习上产生了好奇心，如果父母表现得比他还开心，然后给他提供很多学习资料，甚至给他安排好练习计划，这时候，这个学习任务对孩子来说就一点儿都不稀缺了，孩子一点儿都不"饥饿"。

这就有点像你刚看了一集电视剧，就有人把整个剧情剧透了，这时你还想一集一集地看吗？

所以，想要让孩子像对待游戏一样主动地对待学习，一定要让孩子在学习过程中保持饥饿感。

2. 饥饿教育法的实践步骤

铃木镇一是出生于日本的世界优秀的音乐教育家，他的教育理念引发了世界范围的教育革命，他就经常用饥饿教育法去教那些跟着自己学小提琴的学生。他通过制造饥饿感、激发好奇心，让一个3岁的孩子对小提琴产生兴趣，并且自愿每天练习3小时。

听到的人都会觉得不可思议——那么小的孩子，怎么会主动每天练习3小时呢？

当时铃木镇一为了让孩子对小提琴产生兴趣，先教了孩子的妈妈。他先教孩子的妈妈拉小提琴，在她学会一首曲子前，孩子是不能碰琴或拉琴的，只能在旁边听着。同时，家里还会每天播放好听的小提琴音乐，这样，孩子在家里就会时不时沉浸在小提琴音乐的环境中。

另外，他让孩子上他的小提琴课，但是前期的时候不让孩子碰琴，孩子还是只能坐在教室边上，听其他的孩子演奏。孩子看着妈妈天天练习小提琴，又看到其他孩子也在练习小提琴，听到这么动听的音乐，自己还不能碰琴，终于按捺不住心里的好奇，对小提琴也产生了很强烈的兴趣，主动说自己也很想学，这时候，铃木镇一才开始让孩子碰碰琴、拉拉琴。

但是还跟原来一样，孩子每学一首新曲子，都必须等自己的妈妈学会之后再开始学习。铃木镇一用这样的方式，控制着孩子学习的节奏，让孩子总觉得"学不饱"，对学小提琴保持饥饿感。于是他的学生们一个个都是自发地想学习小提琴的。

总结一下，制造饥饿感具体可以分成两步来操作。

第一步，营造氛围，吸引孩子产生好奇。

当我们想吸引孩子对某项学习内容产生好奇时，我们可以带孩子参加一些相关的活动，比如诵读比赛、诗词大赛、数字图形解谜比赛等。如果不能到现场观看，看一些相关的纪录片也是可以的。或者购买一些相关的图书，让孩子看到父母总在看这些内容。还可以把一些有意思的内容分享给孩子，但是每次只分享一点点。通过以上方式，让孩子长时间沉浸在相关的环境中，慢慢产生好奇心。

父母还可以配合起来演戏，比如，在吃饭或闲聊中，故意透露出对某件事或某个人的羡慕和敬佩；如果想吸引孩子学围棋，可以热烈地讨论当天看到的某个棋局是多么巧妙和激烈；想吸引孩子学化学，可以讨论看到的一个化学实验有多神奇。但是当孩子问起来时，刻意不跟孩子解释得太清楚，以引发孩子的好奇心。

第二步，限制学习资源，积累成就感。

当孩子主动提出想学习时，父母一定不能一下子给孩子很多学习资源，而是要限制性地提供，让孩子每次都"学不饱"。

比如，孩子观摩过一次围棋比赛觉得有趣，还想观摩的话，就需要平常表现得好才能得到这个机会。这样做的本质就是在设置门槛，这会让孩子感受到机会是来之不易的、是稀缺的。人对稀缺的东西往往会更加珍惜。

美国社会心理学家斯蒂芬·沃切尔曾做过一个实验，想验证当一件东西稀缺的时候，人们的反应会有什么不同。他组织了一群人，对同一款曲奇饼干进行打分评价。他在实验中把人分成两组，A组的参与者会拿到一个装了10块曲奇饼干的罐子，而B组的参与者会拿到一个装了2块曲奇饼干的罐子。结果发现，B组的参与者对甜品的评价明显高于A组的评价。

原因就是，2 块饼干给人的感觉就是"少"，而 10 块饼干对人来说，会觉得数量更加充足。这个实验充分说明了，越稀缺的东西，越容易被珍惜，越容易引发人的好奇与渴望。

学习也是一样的道理，当在学习时有稀缺感、饥饿感的时候，孩子就会带着好奇主动学。

曾经有位妈妈告诉我，她的孩子进入高中后成绩下滑得很厉害，妈妈为孩子准备了丰富的学习资料，本以为孩子会好好学习，结果却时不时收到老师的反馈，说孩子上课不专心，作业也经常不按时交。这位妈妈非常生气，也非常失望。

后来这位妈妈不再为孩子提供学习资料。有一天，孩子主动跟她说想学一套逻辑思维的课程，这时这位妈妈听从我的建议没有直接答应孩子，而是跟孩子谈起了条件：孩子要把数学课本中的知识学好，课后的作业按时做好等，在这些都做到的情况下再考虑给孩子购买课程。结果孩子的数学学习比原来积极了。

很多时候，父母会觉得自己小时候条件没那么好，所以希望给孩子更好的学习条件，结果发现，有了更好的条件，孩子却不珍惜。其实问题恰恰就出在我们给孩子的学习资源缺少获得的"门槛"。

这就像我们为孩子撑着一把伞，然后告诉孩子："你看淋雨多难受，你要珍惜这把伞。但孩子如果都没淋过雨，又怎么会理解父母的付出与苦心呢？"

在孩子学习的过程中，父母也要善于发现孩子的进步，比如可以把孩子练习的一些成果记录下来，让孩子看到自己的成长，这样，孩子就有了更强的成就感，于是对学习越来越有兴趣。就像玩游戏，玩得越好就越想玩。

彩蛋 2

我整理了一些能激发孩子学习兴趣的纪录片清单，在公众号"谢麟学习力提升"回复"纪录片"即可获取。

父母可以这样做

1. 思考一下，有没有哪些事情是我们在强行推动孩子做并破坏了孩子学习饥饿感的？试试饥饿教育法。

2. 有位妈妈说她的孩子做事总是半途而废，尝试学习了多门兴趣课程，但都没有坚持到最后。当孩子对某件事感兴趣时，这位妈妈会和孩子确认他是不是真的感兴趣，得到肯定的答复后再购买课程，当孩子拿了一些小奖项后，这位妈妈想让孩子继续努力，可孩子明明感兴趣却不愿再学进阶课程了。

你觉得这个孩子为什么不想再继续学了呢? (　　)

A. 孩子可能觉得达到了自己的目标, 于是不感兴趣了。

B. 孩子被推动参加更大的比赛, 自主感受到了影响, 觉得压力大, 于是不想接受更高难度的挑战。

C. 没什么原因, 可能就是突然不喜欢了。

第 2 章

培养学习习惯，帮孩子从"外驱"到"内驱"

2.1

培养一个习惯容易吗？
成功培养习惯的四要素

? 能通过物质奖励培养孩子的习惯吗？

做事总是拖延，不能自发地规划自己的时间，完不成自己计划好的任务，一边学习一边玩，熬夜玩电子产品……这些事情总是让我们焦头烂额甚至十分无奈，有时候会让我们觉得孩子太不懂事、太叛逆了。但其实这不是因为孩子不懂事，而是习惯问题。

习惯是一种本能的反应。比如，我们需要走路，就会直接迈开腿，从来不用去想先迈左腿还是右腿，这就是本能的反应。

好习惯可以大大节约我们的精力，这种节约会给予身体正向反馈以加固我们的反应。正因为如此，改变一个已有的习惯或养成一个新的习惯非常困难。想象一下，让你从今天开始走路改成先用左脚走两步再用右脚走两步，容易做到吗？所以，帮孩子养成一个习惯需要使用<u>正确的方法</u>，并且给予孩子<u>足够的支持</u>。

要成功培养孩子的习惯，就要抓住 4 个要素：目标、动力、关系和规则。这 4 个要素缺一不可。

1. 目标：一段时间只培养一个习惯

好习惯有很多，要培养哪一个？我发现很多时候父母没能成功培养孩子的习惯，是因为目标太多。

比如，孩子有 100 分的力气，父母有 3 个想培养的习惯，如果同时培养这 3 个习惯，孩子只能分给每个习惯 30 多分的力气。父母往往因此非常辛苦且有挫败感——培养一个习惯都不容易，要同时培养 3 个习惯，这无疑是一个挑战，让父母不自觉地变得焦虑。孩子也会产生挫败感——今天被说这里要改进，明天又被指出那里还得努力，很可能因为不知所措而放弃。

如果父母和孩子每次都把 100 分的力气全用来培养一个习惯，就比较容易成功。《孙子兵法》里说，"十则围之，五则攻之，倍则分之"，当自己的兵力是对方的 10 倍时就打包围战，是 5 倍时就打攻击战，如果兵力是对方的两倍，就把对方分成一部分一部分地进行攻击。

所以，<u>一次选定一个习惯进行培养就足够了，这就是目标</u>，也是培养习惯非常重要的一个要素。培养好了一个习惯，再开始培养另一个习惯，几个好的习惯就足以让孩子终身受益。

请认真想一想：培养孩子哪个习惯是当前最重要的？哪个习惯是孩子自己最想养成的？从哪个习惯开始培养会简单一些？找到那个马上可以开始培养的习惯。

彩蛋 3

我准备了一份不同年龄段需要培养的习惯的清单，在公众号"谢麟学习力提升"回复"习惯"即可获取。

2. 动力：外驱力、内驱力齐上阵

不管是培养习惯还是改掉习惯，都需要孩子有足够强的动力。怎样才能让孩子更有动力呢？

首先，需要让孩子意识到好习惯的重要性，让孩子发自内心地认同这种重要性。

比如，通过故事、事例让孩子意识到好习惯能给自己带来好处，或者制造机会让孩子感受到某种习惯的缺失会给他带来坏处。本书第 1.2 节讲过，通过让孩子体验因为没有按时起床而错过喜欢的娱乐活动，可以让其逐渐养成按时起床这个习惯。

其次，可以借助一些外驱力或者内驱力提升孩子的动力。

比如，承诺给孩子零花钱、买想要的玩具，或答应孩子可以跟朋友外出游玩等，让孩子有更强的动力。

父母还可以用比赛的形式跟孩子比拼，比如也给自己定一个小小的习惯养成目标，跟孩子同步努力，这样能让孩子在习惯养成的过程中多一些乐趣，并增强坚持的动力。

除了外驱力，内驱力更能让孩子坚持习惯的养成。用表扬的方式及时给孩子积极的反馈，可以让孩子获得成就感。比如，设计一张打卡表，孩子每做到一次约定好的事情，就画一个钩，将孩子的进步可视化。

就这样，用外驱力把孩子"引进门"，同时不断地提升孩子的内驱力，孩子就有足够强的动力养成一个习惯。

最后，要培养孩子的某个习惯，就要提供相应的环境。

比如，最近在培养孩子早睡的习惯，而父母却在熬夜，这样的环境就会削弱孩子的动力。当然，并不是说父母为了培养孩子的习惯就要完全改变自己的生活，毕竟父母有时候确实会因为工作等原因不得不晚睡。只需要在培养习惯的初期——孩子最容易反复和放弃的时候，提供相应的良好环境就可以了。所以父母在一开始考虑培养孩子哪个习惯的时候，就需要考虑环境因素，要先衡量家里的近况能不能提供相应的环境，再决定要不要在此时此刻培养这个习惯。

3. 关系：设置合理期待，陪孩子慢慢进步

对孩子来说，习惯的养成是一个非常需要外驱力的过程，需要父母的监督和支持。如果父母与孩子的关系不够融洽，这个过程就会困难重重——孩子有抵触情绪，会产生逆反心理；父母也很容易因此变得焦躁。

首先，父母需要做好心理准备。培养孩子的习惯是一个长时间的过程，孩子的表现会时好时坏。父母要尽量做到情绪稳定，不要因为一时失望而责备或惩罚孩子，否则孩子一旦产生逆反心理，就很难坚持下去。

其次，父母可以通过高质量的陪伴，与孩子建立更亲密的关系。比如，每天花 5 分钟或者 10 分钟的时间，放下一切事情跟孩子聊聊天，重点和孩子聊他的想法、情绪和感受。在这个过程中不要轻易评价孩子的做法，只是倾听，这样孩子会更加信任父母，并从这种亲密的关系中获得动力，从而更好地配合习惯的培养。

试想一下，当有人放下一切陪伴你、听你倾诉的时候，你是不是再疲惫、再累都会有充电的感觉？良好的人际关系，可以给人面对挑战的勇气。

4. 规则：温和而坚定地执行规则

在培养孩子习惯的过程中，要和孩子商定相关的规则并坚决执行。

比如，在培养孩子制订计划的习惯时，为了增加孩子执行的动力，跟孩子商定：每天做到列出计划，就给他加 2 积分，否则就不能加分。不管孩子怎么撒娇、耍赖、争论，父母都要坚决执行规则，不能做出让步。

再比如，跟孩子商量好培养自主使用手机的习惯，每次超出使用时间，就要从第二天的使用时间里相应地减掉。如果孩子没有做到，而且觉得只是一次没做到而已，于是跟父母讨价还价，这时父母要做到坚决执行规则，不要轻易让步。

培养习惯的过程是痛苦和辛苦的，在这个过程中，父母需要坚持用多种方式督促孩子持续执行，还要守住跟孩子商量好的规则，即使规则需要调整，也尽量先按照原计划执行一段时间后再调整。

督促孩子是有技巧的。比如，当孩子因为没做到而得不到奖励时，父母一定不要责备孩子，更不要落井下石。"我们都商量好了规则，你自己没做到，你闹什么？""你自己做好就不会这样了，你说怪谁呢？"类似这样的话不要说。毕竟孩子心里也不好受，这时候父母应该和孩子站在一起，帮孩子分析没有做到的原因、接下来的调整方式，这样孩子会更愿意坚持下去。

如果父母能倾听孩子的想法、安抚孩子的情绪，孩子就会比较容易从负面情绪里走出来。比如可以跟孩子说："我知道你没得到奖励，心里不好受。换成是我，我也会这样，我很理解你。"

父母可以这样做

如果你想确定接下来的培养目标，可以结合以下表格思考。

评分项 （满分 10 分）	目标 1： 预习	目标 2： 晨读	目标 3： 运动	……
习惯的重要程度	8	8	8	
孩子的意愿程度	4	5	7	
培养环境匹配程度	8	8	8	
总分	20	21	23	

2.2

用对时间管理表，
让孩子主动跟时间赛跑

? 为什么明明提醒了很多次，孩子还是不能主动抓紧时间学习？

1. 为什么列了计划，孩子却坚持不了几天

你是不是希望每天回到家，看到孩子在主动学习？不说争分夺秒地学，至少有"把重要的事做完再玩"的意识。但现实的情况是，你眼睁睁地看着时间一分一秒过去，孩子却拖拖拉拉，没能完成计划好的学习任务。

怎样才能让孩子对时间更敏感，主动地抓紧时间、提升学习效率呢？其实用一张时间管理表就能做到。

一谈起时间管理表，你想到的可能是下面这样的。

时间	任务	完成情况
8:00-9:30	做英语练习 P32、P33	√
9:40-10:30	抄写《论语》4 篇	×（抄写了 2 篇）
10:40-11:20	做语文阅读 2 篇，并改正错题	×（没改正错题）
11:30-12:30	做历史试卷，核对答案	√
12:30-14:00	午餐，休息	—
14:00-15:30	看数学教学视频 + 写作业	√
15:40-16:40	做英语练习 2 篇	×
17:00-18:30	做语文练习	√
18:30-20:00	晚餐，休息	—
20:00-21:00	做数学试卷 1 套	×（有 2 道大题没做）
21:10-21:30	记英语单词 20 个	√
21:40-22:30	看书，洗漱	×

这种表格适用于时间管理能力较强的人，并不适合刚开始学习时间管理的孩子使用。如果用这样的表格去培养孩子的时间管理能力，大概率会遇到的情况是，因为对完成任务的时间估计不准确，完成一项任务通常会占用下一项任务的时间，列好的计划就这样被打乱了，孩子也就不想再继续执行计划了。

当列好的计划总是不能全部按时完成时，孩子就会感到受挫，经受的挫折多了，孩子会觉得列了计划也没用，于是放弃使用这样的时间管理表格。

2. 把表格变简单，激活孩子的执行力

对于时间管理能力不强的孩子，推荐使用如下时间管理表格。

学习任务	预估用时	开始时间	实际用时
抄写《论语》4 篇	40 分钟	9:00	43 分钟
数学错题整理	40 分钟	9:50	37 分钟

总结
· 有哪些地方做得好，为什么比原来做得快，是怎么做到的？（增强孩子的成就感）
· 有哪些地方速度更慢了，是什么原因导致的，下次如何规避类似的情况？（探寻改进的方法）

这样的表格与之前的表格最大的区别就是，没有将任务完成的时间限定死。这是因为，一方面，孩子还不具备足够强的时间管理能力；另一方面，孩子对于完成某项任务需要的时间估计得没有那么准确，需要多次尝试、总结。

一旦把时间限定死，孩子就很容易感受到压力。如果只是让孩子估计完成一项任务需要的时间，然后记录实际完成的时间，孩子就没有那么大的压力，甚至会有较强的动力。

有的孩子常常会被这样的时间管理表格激发斗志。比如孩子会想，上次完成 4 篇抄写花了 43 分钟，这次我挑战一下，看能不能用 35 分钟或 40 分钟完成。还有的孩子，看到完成某项任务超出了估计的时间，就会想办法在执行下一项任务时把时间找补回来。不限定死时间会让孩子有更强的自主感，孩子反而会更有动力。

有时我会协助家长制定一些规则，以便更好地增强孩子的动力。比如，只要是提高效率，在原来的基础上节省出来的时间，孩子都可以存进自己的"时间库"——他可以把这个时间用来干自己想干的事情，父母不给他安排额外的学习任务，孩子就更有干劲了。孩子可以用这个时间看自己想看的图书、电视节目，也可以按规则兑换使用电子产品的时间或出去跟朋友玩。

现在你理解为什么孩子会更有动力了吧，因为省下来的都是他自己的！

3. 用"总结"替代"提醒"，孩子更主动

时间管理表格的底部有一个"总结"栏，是用来带孩子进行复盘和总结的。

父母以往用得更多的是"提醒"，比如提醒孩子"做完了吗？要做下一项任务啦"，看到孩子没能按时完成任务，父母难免着急。用"提醒"这种方式，父母真的非常辛苦，而且很容易产生负

面情绪。

更关键的是，用"提醒"这种方式其实反而会阻碍孩子提升自主管理时间的能力。因为提醒得越多，孩子就会越依赖父母的提醒，自主管理时间的能力就发展不起来了。

孩子进入青春期后，自主意识会进一步增强，他希望能在很多事情上做主，但往往会发现自己没有能力做好。比如，管理不好时间，他的内心就会很矛盾，有一种想独立却不得不依赖父母的矛盾。这时如果父母提醒孩子，孩子很容易情绪失控，父母也会因此觉得委屈或者很生气，这会让父母与孩子产生矛盾或冲突，大家都很不开心。

如果用"总结"替代"提醒"，一方面父母会轻松很多，另一方面孩子也会有更多的自主空间。"总结"也能适时地让孩子强化做得好的地方并改进做得不足的地方，坚持一段时间后，孩子自主管理时间的能力反而会变强。

所以，用对方法很重要。方法对了，父母对孩子独立的期待、对孩子无偿付出的爱，就可以顺利转化成孩子自主学习的动力。

2.3

电子产品总让孩子分心？
三步解决这只"拦路虎"

? 孩子玩电子产品总是超时，如何设置使用规则更有效？

1. 管不住孩子用电子产品的三大常见原因

信息化时代，生活中随处可见电子产品，这给人们带来了很多便捷，然而一旦管理不当，孩子的学习就很容易被影响。比如，有的孩子养成了一边写作业一边用电子产品的习惯，美其名曰能随时查资料，实际上是能随时开小差儿。遇到难一些的题目，不思考就在网上查找答案，孩子还怎么提升学习能力呢？还有的孩子，一旦父母没盯着，就开始偷着玩儿电子产品，总能见缝插针。

让孩子学会控制使用电子产品的时间，是大多数家庭面临的挑战。成年人面对电子产品都很难自律，何况是孩子？==这种可以自己控制使用电子产品时间的能力，是父母用正确的方法长时间培养出来的。==

这些年，有很多父母向我咨询：为什么跟孩子商量好了规则，还是管不好孩子使用电子产品？我发现有三个常见的且容易被很多父母忽略的原因。

原因一：**亲子关系紧张。**

当与孩子的关系不好的时候，孩子对执行规则一定是不配合的，甚至你说往东他偏偏往西。有的父母可能会说：我们跟孩子也没发生过大的冲突，为什么孩子还是有强烈的负面情绪呢？

其实，父母平常用的一些沟通方式会伤害亲子关系，这里举一些例子。

× 责怪："这么简单的题你都没答对？让你做点什么你能做好？"

× 命令："我让你现在就关了电视！现在！马上！快点！"

× 威胁："你这么想玩，那你以后就别学了，我也不再管你了。"

× 警告："我警告你，如果你再这么闹脾气，我以后不会再跟你好声好气说话！"

× 讽刺："你自己是什么情况你心里不清楚吗？"

× 说教："你玩游戏感觉很爽，觉得自己还玩得不错，但我跟你说，这些都没用，你走向社会，人家不会说你游戏玩得好就怎么样，只会觉得你没有自制力。你有这个精力，还不如先把学习搞好，不然以后有你后悔的！"

× 控诉："我这么努力工作，提供你所需要的一切，我就只需要你好好学习，也不求你学得多好，至少有个态度，这就是你对我的报答吗？"

× 比较："你们班的 ×× 成绩那么好是有原因的，如果你能像她那么努力，能是现在这样吗？"

× 预言："你看吧，我早就跟你说过这样不行！"

以上这些沟通方式都会伤害孩子的自尊心，让孩子觉得自己很差劲。你想想，如果有人总是对你说类似的话，他提供的建议你愿意听吗？大概率是不愿意的。

如果说父母与孩子有过矛盾，或者发生过激烈的冲突，双方关系紧张，那么无论怎样制定使用电子产品的规则都很难执行。==亲子关系是教育的前提。==

原因二： 跟孩子制定的规则不稳定。

什么叫规则不稳定呢？

比如，约定好了每天可以使用 40 分钟的电子产品，孩子超时了，但没有任何惩罚措施；孩子有时用发脾气、不学习或不上课威胁父母，父母就退让了。这时候其实父母对孩子电子产品使用的底线是不明确的。有没有一根线，孩子一旦触碰就是父母完全不能接受的？如果没有，那就意味着没有底线，孩子可以用各种方式来破坏规则，规则就是不稳定的。

在这个过程中，孩子其实也不一定好受，他会想："既然规则可以被打破，你为什么还要管我，为什么还要设定规则"，孩子的内心是没有安全感的。

举个例子，假如你上班迟到了，要被罚款 200 元，你跟单位负责人争执了很久后，他退让了，说这次不罚款了，但下次再迟到就要罚款。这时候你的心情如何呢？

你肯定会有点开心，因为你发现规则在执行过程中是能松动的，可以不用接受惩罚了，那么下次再迟到，可以用一样的方式处理，也许可以继续逃避罚款。然而，你的内心一定还会有愤怒，你会觉得，既然规定不是那么死，为什么对方一开始还非要罚款，一定要争执半天才让步？你甚至会质疑制定规则的人，觉得他就是"仗势欺人"。

更麻烦的是，随着规则执行的时间越来越久，双方的情绪会越来越大。你第二次迟到时如果被罚款了，你一定会觉得非常不公平：凭什么上次不罚款，这次却要罚？但如果你没被罚款，规则就又一次被破坏，慢慢地，规则会失去约束力，变得没有任何意义。

父母与孩子约定好的某件事的执行与这个例子其实是很相似的。

制定好的规则总是被打破，双方每天都在为多玩 5 分钟、少玩 5 分钟发生争执。其实原因在于一开始制定规则的时候，父母没想清楚心里的底线，担心孩子发脾气、不睡觉、不学习、不上学等，在这样的情况下，父母内心开始松动。

不稳定的规则不仅执行起来效果差，还会伤害亲子关系。当然，这一定不是父母的初衷。其实只要掌握了正确的方法，就能很好地避免这种情况的出现。

原因三：制定的规则不合理。

上文提到执行规则要有不能触碰的底线，但是也要有一定的弹性空间，底线之上如果没有缓冲区，人通常会很难接受。

比如，公司规定上班迟到一次就要被开除，你肯定会抗议；或者如果一开始知道这个规则，你根本就不会接受这份工作。

我曾经辅导过一个孩子，父母跟孩子制定的规则是每天可以玩 30 分钟的平板电脑。孩子喜欢玩的是竞技游戏，每一局用时是 10~20 分钟，有时候孩子玩了两局，花了 25 分钟，按照规则还有 5 分钟就不能再玩了，这时候问题来了：孩子通常会开始新的一局，于是到 30 分钟的时候，当前这一局还没结束，孩子也很难停下来，因为一旦停下来，孩子可能会被一起玩的朋友抱怨，下次就没人和他一起玩了，孩子还可能被队友举报，导致游戏账号的信誉受影响。

这时候如果强行让孩子停下来是很难的，孩子通常会说"再等会儿，马上就好了""我就再玩 5 分钟"等。如果强行夺下平板电脑或者断开网络连接，孩子的不满情绪通常会非常强烈，他很容易会和父母发生矛盾或冲突，也会影响接下来的学习。

其实规则设置得更人性化一些，就能较好地解决这个问题。比如，规定每天只玩 30 分钟，如果 30 分钟到了，当前的游戏却还没结束，那玩平板电脑的时间就到这局结束为止。

规则更加有弹性、更人性化，孩子反而会更愿意主动管理自己，否则他就会把精力全放在跟父母的对抗上。

说好的玩 30 分钟，
怎么到了时间还在玩？！

说好了玩 30 分钟，
但我知道玩一半停下来很难，
玩完这一局就去学习吧！

弄清楚原因后，我们再来对症下药。

2. 三步帮助孩子主动控制电子产品的使用

第一步，修复关系。

如果因为电子产品的使用问题，父母与孩子常常发生矛盾或冲突，父母已经感觉到孩子对规则的执行并不配合，甚至因为这个问题影响孩子正常上学，那么当前更重要的事不是优化规则，而是修复关系。

没有哪位父母会故意伤害孩子。很多父母责备、命令、批评孩子，是因为他们经历了生活的重重考验一路走来，十分清楚拥有知识、技能的重要性，知道自律、勤奋这些良好的品质对人的影响有多久大，正因为很爱孩子，希望孩子能早日独立，他们才会着急、担心。我特别理解父母的心情。

父母的爱如此珍贵，用不正确的沟通方式表达出来，孩子不仅感受不到，还觉得父母是在否定自己、不喜欢自己。

孩子在长大，父母也需要成长，需要把教育方式调整到孩子能够接收的"频道"，不要想当然地觉得孩子长大了就能懂父母的苦心。要想让孩子主动控制电子产品的使用，先停下责备、命令、比较、讽刺等伤害孩子的沟通方式，和孩子一起面对控制电子产品的使用这项挑战，而不是站在孩子的对立面。

我推荐使用写亲子信的方式修复亲子关系。有时候很多话不好说出口，或者担心当面沟通会发生争执，不如用写信的方式来表达。很多家长用过后反馈这种方式的效果不错。

彩蛋 4

我把写亲子信的具体方法录制成了课程，在公众号"谢麟学习力提升"回复"亲子信"即可获取。

第二步，识别孩子的需求。

我们有必要思考：孩子为什么总是想玩电子产品，玩电子产品能满足他的什么需求？要知道，孩子的需求就是他的行动动力，如果需求能由其他更好的方式满足，就不要用玩电子产品来满足，孩子自然就摆脱了电子产品的控制。

我国公共场所禁烟后，吸烟人数急剧下降。据统计，自 2015 年 6 月《北京市控制吸烟条例》实施后的四年中，北京市吸烟人数减少了 20 多万，北京市控烟协会还因此获得了由世界卫生组织颁发的"世界无烟日奖"。为什么效果这样明显？

很多人吸烟是为了社交，比如一群人聚会，其中有几个人吸烟，为了更好地拉近关系，大家都开始吸烟，吸烟这个行为能让自己在社交关系中获得归属感。而公共场所禁烟后，吸烟这个行为失去了社交吸引力，那些本身并不喜欢吸烟的人，就没有那么强烈的吸烟动机了，吸烟人数自然大大减少。

孩子使用电子产品也是同样的道理。有的孩子在学习上感受不到成就感，在学校也不能获得足够多的关注，内心会产生挫败感，如果这时候最亲密的父母也不认可他，总是挑他的不足，那孩子每天都会在受挫中度过，这时候如果电子产品里的游戏、视频能给他带来成就感，孩子当然会死死地抓住不放。

还有的孩子，内心很渴望被认可和支持，如果他只有在使用电子产品的时候才能感受到同学、朋友的认可和支持，自然就离不开电子产品了，这时候如果粗暴地阻止孩子使用电子产品，可能会让情况变得更加糟糕。

所以不要只盯着孩子的行为，要发掘孩子更深层的需求，从需求出发，给孩子提供支持。

曾有一位妈妈向我咨询，她的孩子因为初三学习压力大，成绩一直没有突破，花在电子产品上的时间越来越多。这位妈妈非常着急，担心电子产品会影响孩子的睡眠，影响中考复习，于是直接没收手机，结果孩子的状态更加糟糕，甚至出现轻度抑郁的迹象。

后来在我的建议下，这位妈妈开始关注孩子内心的想法。当孩子觉得妈妈能理解自己的时候，终于愿意跟妈妈交流。妈妈坚持修复跟孩子的关系，比如妈妈会玩孩子玩的游戏，找一些共同的话题，也会组织一些家庭活动，创造一家人共同的美好回忆。

比起原来每天盯着孩子手机的使用，妈妈开始更关注孩子的努力。有一次孩子连续 3 天没去上学，第 4 天的时候去上了半天学。如果在以前，妈妈可能会责备孩子，但这回妈妈却更关注孩子的变化，相信孩子 3 天都没去上学，第 4 天却去了半天，肯定是因为内心不想放弃，也做出了努力。

在妈妈的鼓励和点点滴滴的肯定下，孩子从原来锁着门在房间看手机，慢慢变成愿意主动交出手机让妈妈监督自己。其间孩子的情况仍有反复，但最终在中考前顺利恢复了正常上学的状态。

第三步， 制定合理的规则。

制定合理的规则有两个要点：规则要有明确的底线，规则要有缓冲的空间。

对于孩子当前的情况，使用电子产品的底线是什么？不同的家庭，情况其实是不同的，因为这跟家长的观念、想法有很大关系。有的家庭，底线是每天最多能玩半小时，而且不能在晚上 10:30 之后玩；有的家庭，底线是只要孩子按质按量把作业写完了，就可以玩一个半小时，中间每 30 分钟要休息一次。底线虽有不同，但没有对错之分。

有了底线，也要有缓冲的空间，应该设置孩子快要触碰底线时的提醒机制。比如前面提到的例子，每天的底线是玩半小时，但如果半小时到了，孩子的游戏很难立即停下来，那这个缓冲空间就是让孩子玩完当前这局游戏。

有的孩子不是玩游戏，可能是看视频之类的，也可以设置一些弹性空间，比如不小心超时了，超时 5 分钟以内不追究，但是超过 5 分钟就要进行惩罚。

惩罚的设置也有技巧，既然是超时，那就把时间"扣回来"。比如今天超时玩了 10 分钟，明天玩电子产品的时间就要扣除 10 分钟甚至 20 分钟。如果情节严重，比如孩子偷偷多玩了 10 分钟，那就要扣除 30 分钟甚至 50 分钟。因为撒谎涉及诚实问题，所以惩罚要加倍。（以上扣除的数量只作为参考，不是硬性标准。）

> ### 规则示范
>
> **底线**
>
> - 周一至周五每天 30 分钟，晚上 10:00 前，做完作业才能玩
> - 周六和周日每天 1 小时，晚上 10:00 前，不能在做作业时玩
>
> **规则**
>
> - 每次到了规定时间还超时使用的，10 分钟内免责，一周有 3 次免责机会
> - 10 分钟外的，1 分钟抵 5 分钟，从未来可使用的时长里扣除
> - 自己偷玩的，1 分钟抵 10 分钟，从未来可使用的时长里扣除
> - 多做一道数学解方程题，加 5 积分
> - 写一篇作文，加 30 积分
> - 每 10 积分可兑换 10 分钟电子产品的使用时间
>   注：以上仅供参考，并非硬性标准。

千万不要用性质不好的惩罚方式。比如，孩子没遵守时间，就跟孩子冷战，用情绪惩罚孩子，或者拒绝买原本答应给孩子买的东西，扣减孩子的零花钱，等等。

这些方式会让孩子觉得不公平：为什么玩电子产品的事情要牵连别的事情。他不会因此认识到自己的错误，只会觉得父母在压制他。孩子会因此有负面情绪，会想办法对抗规则的执行，比如挑父母的错、跟父母理论，或直接拒绝遵守规则，挑战父母的权威。

以上就是制定规则的两个要点。在制定规则的时候，要坦诚地跟孩子沟通，告诉他一开始制定的规则很难让双方都完全满意，也不太可能完全没有漏洞，要相互支持，一起优化规则；制定规则可以帮助他学得好也玩得好。父母这样做反而能使自己成为孩子心中

的权威型父母。

3. 应从什么时候开始制定电子产品的使用规则

什么时候开始定规则，帮助孩子主动管理电子产品比较合适呢？我的答案是早比晚好，在孩子小学四年级左右就可以开始做这件事。

很多家庭到了初中的时候才给孩子配手机，管理孩子手机的使用。但进入初中后，孩子常常面临很多其他问题，比如青春期带来的生理、心理上的不适应，学习压力带来的挑战，校园人际关系带来的挑战等。如果能在孩子小学高年级时就让他具备主动管理电子产品的能力，父母和孩子都会更轻松。

电子产品不是洪水猛兽。制定好规则，电子产品其实可以成为孩子学习道路上的强大帮手。

父母可以这样做

在跟孩子制定电子产品使用规则前，不妨尝试跟孩子敞开心扉聊一聊，了解孩子的需求，比如问孩子："你对自己现在玩手机这件事是怎么看的？""你觉得手机为什么这么吸引你？""放心，我们并不是想批评你，只是很想知道你的想法。"

2.4

孩子不会安排学习任务？
这样培养孩子列计划的习惯

? 学习任务太多，完不成怎么办？

1. 培养孩子列计划的习惯，一共需要几步

列计划是一个很好的学习习惯，它能让孩子的学习更加有条不紊，但是很多孩子没有列计划的习惯，无法很好地安排自己的学习任务。父母要如何一步一步培养孩子列计划的习惯呢？

培养习惯不是一件容易的事情。如果想培养孩子的一个习惯，一定要把培养过程拆解为完成一个一个的小目标。要给孩子铺设高度合适的行动台阶。台阶越低，孩子越容易做到，养成一个习惯就越容易。

举个例子，孩子没有早读的习惯，想让孩子每天早上读 5 分钟英语，看起来似乎并不难，毕竟 5 分钟也不长，但要孩子养成这个习惯，对孩子来说却未必是件简单的事。

首先，孩子得比原来起得更早，这就是一个要克服的阻碍。其次，孩子得读出来，而有的孩子不爱读出声，这又是一个挑战。最后，如何让孩子专注地读 5 分钟，也是一个问题。所以拆解开来会发现，看起来要培养的是孩子每天早读 5 分钟的习惯，实际上要培养的是 3 个小的习惯；或者说培养这个习惯有 3 个障碍，每个障碍克服起来都不容易。

如果把这个习惯拆解得更细，进一步搞清楚各个障碍是什么，那么习惯培养的路径就更清楚了。

让孩子早读 5 分钟这件事，可以先从培养孩子早起的习惯开始，然后再培养孩子读出声的习惯，比如先让孩子在做英语作业的时候，把题目读出来，让孩子习惯读出声的感觉。如果这对孩子来说还是太难，那就再降低难度：每次读第 1 题或第 2 题就行。

等孩子习惯了早起，也习惯了读出声，再把两者结合起来，培养他早起读 5 分钟英语的习惯。

要培养孩子列计划的习惯也是一样的道理。不妨思考一下：孩子要想列出一份详细的学习计划，拆解之后会有哪些步骤呢？

首先，孩子要列出每天的待办事项。不要觉得孩子自然就能做到这一点，有的孩子总是会忘了列出一些事项，有的孩子不习惯把要做的事项写出来。

其次，孩子要估算完成每个待办事项需要的时长。关于如何用时间管理表培养孩子的这种能力，本书 2.2 节中有详细介绍。

再次，孩子要把这些事项按优先级排序。这就意味着孩子要有目标，或者知道依据什么标准对任务进行排序。

最后，孩子要进行复盘。复盘的主要目的是找出问题，以便下一次列计划时进行改进。

你看，步骤其实并不少，而且每一步都需要花费很多力气培养。很多父母培养孩子列计划的习惯总是失败，是因为把多个步骤合并成了一个步骤，这对孩子来说完成的难度太大。

2. 手把手教你培养孩子列计划的习惯

第一阶段：列出待办事项。

在这个阶段要培养的是孩子每天列出待办事项的习惯。孩子只需要每天列出生活和学习中要做的事情，不需要对事情进行排序，也不需要统计哪些做完了、哪些没做完，父母只需要关注孩子有没有把要做的事情全部列出。

人的大脑有些方面跟电脑相似。电脑虽然硬盘的存储容量很大，但是运行时的内存容量相对就比较小，这就好比人脑在同一个时间段的注意力是有限的。那些待办的事项如果不列出来，而只是在大脑里存着，其实会一直影响我们的专注度。

比如，孩子正在写语文作业，突然想起来今天班主任老师还布置了两项任务，于是开始提醒自己"不能忘记啊，千万不能忘记啊"。这种场景下，习惯好点儿的孩子可能会把这两项任务记下来，但孩子的专注状态已经被打破了。当孩子继续写语文作业时，他潜意识里还会担心："我还有没有忘记其他事情啊？"

这些待办事项就像电脑中打开却没有使用的应用程序，虽然它的窗口被最小化了，但是始终在后台运行，而且占用内存容量，这会让电脑的运行速度变慢。

如果孩子一开始就把待办事项全列出来，他的大脑"内存"就不会被这些事项占用，他也就能全身心投入地做其他事。

在这个阶段，父母可以给孩子提供一些框架，以帮助孩子毫无遗漏地把待办事项写出来。比如，把每天要做的事情按照这样的框架进行分类。

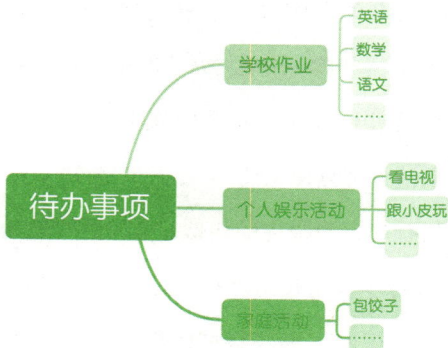

按上页图中所示的方法把待办事项分为学校作业、个人娱乐活动、家庭活动三大类，就是父母可以给孩子提供的思考框架。这个框架不是固定的，比如待办事项也可以按地点分类——在卧室做的、在客厅做的、在室外做的。孩子用哪种框架思考能更顺利地把要做的事都想出来、列出来，就采用哪种。

待办事项
做英语练习 P32、P33
抄写《论语》4 篇
洗碗
提交演讲活动报名资料
看一集动漫剧
⋯⋯

第二阶段：估算时长。

如果孩子已经习惯列出待办事项并且几乎不遗漏，就可以开始培养孩子估算待办事项完成时长的能力了。在这个阶段，父母可以用时间管理表格，帮助孩子更准确地估算完成每个待办事项所需的时长。

待办事项	预估时长	开始时间	实际用时
做英语练习 P32、P33			
抄写《论语》4 篇			
洗碗			
提交演讲活动报名资料			
看一集动漫剧			
……			

第三阶段：列出优先级。

培养孩子将待办事项按优先级进行排序的能力，就是要让孩子分清楚什么样的事要放在前面做，什么样的事要放在后面做。

孩子要想排好序，就需要知道按什么标准排序，或者说有哪些维度可以用来衡量优先级。常用的维度有重要程度和紧急程度——对要排序的事情，可以用这两个维度综合衡量。

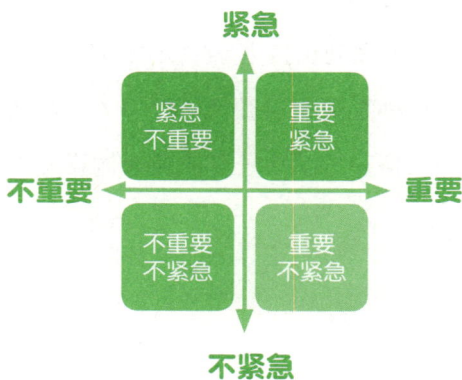

优先级最高的是重要而且紧急的事情，比如当天要完成的作业。

优先级排第二的可能是紧急但不重要的事情，也可能是重要但不紧急的事情，需要视情况确定。比如，孩子今天紧急但不重要的事情是写一篇社团活动的 5 分钟发言稿，而重要但不紧急的事情是读《红楼梦》的某一部分。如果读《红楼梦》不会影响那件紧急但不重要的事，就可以把读《红楼梦》这件事情往前放，否则往后放。

优先级排在最后的，是不紧急也不重要的事情，这类事情在有些时候是可以直接舍弃的。在时间不足的情况下，甚至需要舍弃一些重要的事情，但是一定要让孩子理解，舍弃意味着目标明确，只做那些最重要的事情。

优先级	待办事项	时间
1	做英语练习 P32、P33	17:00-18:00
2	抄写《论语》4 篇	19:30-20:00
3	洗碗	20:00-20:30
4	看一集动漫剧	20:30-21:00
5	提交演讲活动报名资料	21:10-21:30
6	......	

第四阶段：复盘，优化计划。

在这个阶段要培养的是孩子定时复盘计划、总结经验的习惯。

复盘计划并不是看每天做了什么、没做什么，而是看每天计划完成得如何。有哪些事情是如期完成的，为什么能做到？有什么好的经验可以以后接着用？有哪些事情是没有做到的，原因是什么？再遇到类似的事情怎么能处理得更好？可以让孩子将思考心得写在当天计划的后面。

这四个阶段组合在一起就是孩子列计划这个习惯的培养路径。很多孩子到了高中都没有养成列计划的习惯，是因为父母一开始就没有把这个习惯的培养拆分成若干个阶段进行，而这对孩子来说行动难度太大，往往坚持几天就放弃了，最终一个阶段的习惯都没有养成。

所以，父母可以把列计划这个习惯的培养所需的时间设定得长一些，比如一个学期能完成一个阶段的习惯培养，两年下来孩子也就能收获一个终身受益的好习惯。

2.5

没时间管孩子？
试试亲子协议

？ 约定好了规则孩子却没做到，怎样做能让孩子主动改进？

有没有一种方法，既容易操作，又能有效地帮孩子养成习惯、提升内驱力呢？有，那就是用亲子协议。

亲子协议，指的是孩子和父母各自设定要达到的目标并且设置相应的奖励和惩罚，并就此事签订的协议。在执行协议的过程中，双方相互监督，督促对方达成目标。

亲子协议的原理很简单，当人觉得某种行为会对自己有利时，这种行为就容易重复出现，否则就会减少或消失。这就是著名心理学家和行为科学家斯金纳提出的"强化理论"。

当孩子对做某件事情没有内驱力的时候，父母可以用亲子协议，通过适当的奖励引导孩子多做一些，在做的过程中形成习惯，以此提升孩子的内驱力。

接下来我分享一个案例，向你展示如何用亲子协议让孩子变得主动而且自律的。

1. 帮孩子改掉写作业时偷着玩的坏习惯

这个案例来自我曾经辅导过的一个家庭。孩子的妈妈跟我说，孩子成绩中等，平常学习的时候，只要父母不盯着他，他就偷着玩，比如看漫画、玩手机、看电视。而父母做不到一直在家盯着孩子，老人的话有时候孩子也不听，软的硬的方法都试过了，还是没有效果。孩子的态度很好，也想管住自己，但每次都忍不住偷着玩。

我问这位妈妈当前最希望孩子改善的行为是什么，她回答的是孩子不要总是边写边玩，希望他能专心写作业。

于是我跟这位妈妈讨论针对孩子的亲子协议规则。

原来的规则	优化后的规则
· 每天 30 分钟使用电子产品的时间	· 每天 30 分钟使用电子产品的时间
· 如果先保质保量写完作业再玩，没有相关的奖励	· 如果孩子能先保质保量写完作业再玩，可以额外获得 20 积分，20 积分可以兑换 20 分钟的电子产品使用时间，也可以按比例兑换零花钱
· 如果写作业时偷着玩，会被父母批评，有时候会被没收电子产品几天	· 偷着玩的 1 分钟未来要用 3 分钟来抵扣 · 如果父母的批评伤害了孩子，每次要给孩子加 20 积分

首先，孩子原来每天 30 分钟的电子产品使用时间不变，如果孩子能先保质保量写完作业再玩，他可以额外获得 20 积分，而这 20 积分可以兑换 20 分钟的电子产品使用时间，也可以按比例兑换零花钱。

你可能会想，这样孩子用电子产品的时间反而更多了，怎么办？其实，孩子以往在写作业时偷着玩的时间一般合起来也有半小时，干脆就把这个时间给他，作为他养成良好习惯的奖励，这并不是什么可怕的事。孩子在完成作业的基础上得到更多的娱乐时间，其实是公平的。

然后，父母跟孩子约定好，如果偷着玩，那么偷着玩的 1 分钟，未来要用 3 分钟来抵扣，比如偷着玩 10 分钟，未来就要用 30 分钟的使用时长来抵扣。孩子一算账，多半会发现这很不划算，还不如忍一忍，等写完作业再玩，而且写作业累了并不是不能休息，只是不能用电子产品、看电视、看漫画等，可以通过走动走动、听听音乐的方式休息。

　　跟孩子沟通也要有技巧，这位妈妈跟孩子说："你看，虽然你原来写作业时偷着玩，但是我知道你也想好好写作业，你是个认真的好孩子，你玩的时候也会担心被我发现，没被我发现吧你心里还愧疚。所以我们现在制定这样的协议是为了帮助你，是为了用这样的方式帮助你管理好时间，这样你玩也玩得开心，学也学得专心，我相信这也是你的目标，对吗？"

　　这样的沟通方式站在孩子的角度为孩子充分考虑，让孩子意识到，父母相信他也是想变好的，相信他也努力了，并跟他一起探讨解决的办法。孩子听后觉得妈妈理解自己，知道妈妈不是为了管他，而是要跟他在同一个目标下帮助他，于是孩子非常乐意签订协议。

　　不仅如此，这位智慧的妈妈还向孩子道歉，说："妈妈原来看到你学习的时候玩儿，就控制不住情绪发脾气，骂过你、打过你，妈妈向你道歉，你肯定也委屈，我相信你也想做好。妈妈原来不知道怎么做，学习后我知道了，可以跟你重新商量规则。如果妈妈再说伤害你的话，你就提醒我，并且我每犯一次就给你加20积分。"这下孩子更愿意了，眼神里充满了感动。

　　父母要跟孩子谈规则，也要用规则约束自己。通过这样的方式，孩子在成长，父母也在跟孩子一起成长。

　　制定好规则后，大概3周时间，孩子的习惯就扭转过来了，当然这中间并不是一帆风顺的。第一天还顺顺利利，第二天孩子就忍不住偷着玩了，奶奶发现孩子偷着玩后告诉了妈妈，到了晚上执行规则要扣除娱乐时间的时候，孩子不愿意，开始发脾气，说自己要退出协议，不再参与了。这时候怎么办呢？

> 记住，父母要和孩子站在一边。现在孩子遇到了问题：习惯很难改，改起来很痛苦，好想偷玩。这时千万不要责备孩子，成年人也没办法做到制订了计划就百分之百地执行，不是吗？也不要因为孩子发脾气、有情绪，就网开一面、放他一马，这样做会让孩子觉得制定的规则在执行中是可以松动的。

这时候该怎么做呢？温和而坚定！

温和就是指温和地和孩子沟通，可以跟孩子说："我知道，你还在适应我们制定的规则，让你马上就完全调整过来很难，你没忍住偷着玩了，现在要扣时间，你心里挺难受的。"站在孩子的角度，把他面对的困难、面对困难时的心情说出来，就能很好地安抚孩子的情绪。

坚定就是指要坚定地执行规则——扣除未来的娱乐时长。等孩子心情稍好些时，可以告诉孩子："我们制定了规则就要遵守，如果都不遵守规则，哪来的自由呢？那是不是之前遵守规则获得的奖励也不能算数？有收获也需要有付出，对不对？"

这里也有一个小技巧。如果父母感受到孩子真的很想改变，

我知道没得到奖励你很难过，
这很正常，换作我我也会难过。

但他很难立即改变，导致情绪非常大，这时父母可以给他提供赚取积分的机会。因为有时候要改掉一些不好的习惯真的很困难，毕竟孩子还小，连大人可能都很难做到在短时间内就改变一个习惯。

父母可以让孩子完成一些他力所能及的任务，以获得一定的积分。比如案例中的这个孩子，妈妈看孩子真的很努力，孩子第一天获得 20 积分后，都没舍得兑换成电子产品使用时长，而是存起来，好不容易攒的积分第二天就要被扣掉，心里肯定很难受。于是妈妈就告诉孩子："要不你现在写一篇作文，你写一篇我就给你加 30 积分。"结果孩子就去写作文了，这样的结果不也是挺好的嘛。

> **！** 这一招儿只有在孩子真的很认真很努力，只是调整习惯的过程中很难马上适应的情况下才能用，不能每次都用，否则孩子就会总是用发脾气的方式让你不断打破规则。

经过第二天的小插曲后，后面就顺利很多。这次的小插曲也让孩子确认，妈妈是认真的，说好的规则就是规则，怎么耍赖都没用，于是孩子更努力地遵守规则。就这样，孩子终于改掉了写作业时偷着玩的坏习惯。

2. 用好三要素，帮孩子从"外驱"到"内驱"

亲子协议在生活习惯的培养方面同样有效。

比如，曾经有位妈妈用亲子协议培养孩子做家务的习惯，孩子在家里本来也会做家务，妈妈希望孩子能多做一些，于是还是用一些奖励吸引孩子做，比如晾一次衣服可以得 30 积分。

这时需要注意，孩子一开始是为了奖励而做，这是外驱力驱动的。父母想要孩子在做的过程中提升内驱力，怎么做呢？答案就是牢牢抓住三个要素：自主感、胜任感、归属感。

自主感是指让孩子自己决定、选择怎么做。父母可以为孩子提供建议，但是不要强求孩子必须按父母的习惯、步骤或标准去做。

胜任感是指要让孩子有成就感。发现孩子做得好的地方要及时给予表扬，让他感受到自己有了一点点成就。

归属感是指给孩子提供支持，对孩子表达信任。

如果一直用外驱力，不刻意提升孩子的内驱力，孩子就会一直为了奖励而做事，很容易就疲劳了，比如这次加 30 积分孩子会做，下次可能就得 50 积分他才愿意做。

这位妈妈就很注重提升孩子的内驱力，她会夸孩子："你晾得真好，衣服都晾得很平整，你做事这么仔细真是让人放心，真是长大了！"

开始的时候，孩子还对她说："别，别夸我，我只是为了赚点积分而已。"但这位妈妈很厉害，她继续夸孩子："虽然你是为了赚积分，但我知道你主要还是心疼妈妈，你是有自己想法的孩子，不然给你 300 积分你也未必愿意做，妈妈还是很开心的，有你真好！"

这位妈妈看到孩子做得好的地方总是会肯定孩子，慢慢地孩子晾衣服也形成了习惯，后来对于积分反而不那么在意了，因为那时候孩子已经觉得，一个知道心疼父母、不让父母操心的孩子的形象，比这些积分更加重要。

这就是用亲子协议帮孩子从"外驱"到"内驱"的过程。

3. 亲子协议的制定要点

上述案例是用亲子协议帮助孩子成长的真实事例：用外驱力推

动孩子改变行为、形成习惯，同时在过程中提升孩子的内驱力。接下来总结一下跟孩子制定亲子协议的要点。

要点一，明确行为目标。

父母一定有希望孩子改善的行为或养成的习惯，可以列出清单，孩子也有希望自己和父母改善的行为，同样也列出清单，然后双方一起讨论。如果制定的目标孩子不认可，先尝试耐心地解释，如果孩子短时间内不能理解，那就先缓一缓，一定还有其他的目标是父母和孩子都觉得重要并且认可的。用这样的方式，可以确定亲子协议中的目标。

这样的方式能让孩子在制定协议的过程中更有参与感，而且孩子觉得这是自己认可的目标，他的自主感会被充分激发，也就更愿意遵守协议。

目标在开始时越少越好。培养一个习惯并不容易，一开始难度低一点，目标更容易达成，孩子能更快获得成就感，父母也能更顺利地配合孩子。

一份亲子协议的执行周期建议为1~2周。你可能会说：我想要培养的是孩子长期的习惯，1~2周的时间会不会太短？其实协议的执行周期短一些，孩子压力更小，更容易下决心签订协议。

协议实施1~2周后，如果双方都觉得合适，那就续签协议；如果觉得需要调整，那就商量调整。有时候孩子想要的奖励或要对孩子实施的惩罚是会变化的。

要点二，明确奖惩内容及规则。

确定好目标后，就要明确奖惩的内容及规则。建议父母提前想想什么样的规则对孩子有吸引力，又有哪些条件是自己不愿意接受的。想清楚后，父母带着方案跟孩子商量，告诉他你这样考虑规则的出发点是什么，他能得到什么好处。

这就像我们工作中与别人谈合作，不要什么都不准备就天马行空地讨论，而是要带着一个初步方案，这样我们才会更容易掌握主动。

给孩子制定加分项时需要注意的是，一些本来就该孩子完成的学习任务，不要用来作为加分项。比如，每天的课后作业，这是孩子本就应该要完成的，即使完成了也不要加分。但是可以把孩子的完成效率设置成加分项，比如，孩子原来每天要到晚上 9 点才写完作业，这时候可以设置一个奖励规则：完成作业的时间每提前 10 分钟，就奖励 10 积分。这样的方式可以激励孩子提高写作业的效率。

实践这一步的时候，你可能会发现一开始设置的奖惩内容及规则，很难让父母与孩子都百分之百地满意，这是很正常的。这时候不妨各退一步，双方先签一份不够完美但都可以接受的协议，先完成，再完美！

要点三，温和而坚定地执行。

孩子一定会有闹情绪的时候，但是该遵守的规则就要遵守。一方面，父母要温和地帮助孩子消化情绪，去理解、包容和安抚孩子；另一方面，父母要坚定地执行规则。

要点四，关键是要提升孩子的内驱力。

请牢记提升孩子内驱力的三要素：自主感、胜任感、归属感。利用外驱力只是把孩子"引进门"，提升孩子的内驱力才是更关键的事，让孩子更加主动地、发自内心地去做事。

最后，为你附上两份亲子协议的示范，这两份协议的区别在于"亲自协议1"中的规则引入了积分制，规则更加细致，但同时也需要父母投入更多精力记录积分。你可以根据自己的精力状态、孩子的兴趣，综合考量后加以选择。

我还为你准备了一份资料，内容是针对不同类型的孩子在制定亲子协议时的一些侧重点或技巧，比如，对于已经玩手机成瘾的孩子要侧重什么规则，对于学习不主动、应付型的孩子要侧重什么规则，对于成绩不错但还想更上一层楼的孩子要侧重什么规则等。

彩蛋 5

亲子协议相关资料，在公众号"谢麟学习力提升"回复"亲子协议"即可获取。

亲子协议 1

孩子的目标	孩子的奖惩
背 30 个单词	30 积分
学习的时候不听音乐、不玩手机或平板电脑	20 积分
在晚上 11 点前睡觉	20 积分
连续坚持 5 天	20 积分
家长的目标	**家长的奖惩**
陪孩子进行 30 分钟体育活动	孩子为父母按摩 10 分钟
对孩子大吼或发脾气	给孩子加 30 积分
积分兑换规则	
玩手机、玩平板电脑、看电视 10 分钟	15 积分
玩手机、玩平板电脑、看电视超时，每 1 分钟	3 积分
偷着玩手机、玩平板电脑、看电视，每 1 分钟	5 积分

积分兑换规则说明：
1. 周一至周五每天最多兑换 1 小时，周六、周日最多兑换 3 小时。
2. 超时 5 分钟内可以免责，一周只有 3 次免责机会，用完则扣除积分。
3. 没有提前告知就超时玩电子产品、看电视，或偷着玩，按 5 倍扣除积分。

孩子签字：

家长签字：

监督人签字：

日期：

亲子协议 2	
孩子的目标	1. 每天读两回《三国演义》 2. 做 5 道数学题，如果有错题，要把错题改正 3. 做作业的时候不玩电子产品 4. 每天认真完成作业，不马虎潦草（以约定示例为标准）
孩子的奖惩	1. 如果每天能完成以上全部目标，则每天可以玩 1.5 小时手机 2. 如果当天没有完成目标，则第二天补上，且当天禁止玩手机 3. 如果能坚持 14 天都完成目标，则可以有 8 小时的自由支配时间；如果玩手机，每 1 小时要休息一次
家长的目标	1. 每天陪孩子进行 30 分钟的体育活动 2. 不对孩子大吼或发脾气，有建议慢慢说
家长的奖惩	1. 如果一天不能做到，则第二天补上，且当天把孩子负责的家务（遛狗 + 洗碗）做了 2. 如果能坚持每天都做到，则可以获得孩子捶背 60 分钟的服务
孩子签字：	
家长签字：	
监督人签字：	
日期：	

第 3 章

用对方法，孩子学得既主动又高效

3.1

让孩子相信"我能学好"

? 这个世界上真的有天才吗?

"我试过,但没有用""我不是这块儿料""我就是学不好"……

比起不知道方法,孩子不相信自己能学好更让人无奈,父母想让孩子努力,孩子劝父母放弃,孩子的这种表现就像仗还没打就宣布投降,让父母非常泄气。

美国心理学家戴维·珀金斯博士研究发现,学生的学习成绩和自信心密切相关,自信心强的学生更容易取得好成绩,而缺乏学习自信的学生成绩往往不佳。

怎样才能让孩子相信自己能学好呢?有两个关键的因素:一是让孩子相信自己的智力、能力是可以通过后天努力提高的;二是教会孩子科学的学习方法，让孩子切实地感受到用对了方法，努力就会有收获。

1. 智力可以通过努力改变

你有没有想过，为什么有的人年纪轻轻就成就非凡？比如，莫扎特在 7 岁的时候就举办了自己的个人音乐会；爱因斯坦在 15 岁时就掌握了高等数学，并在 17 岁时完成了一篇科学论文。这样的人应该就是天才吧。

著名的心理学家安德斯·埃里克森和他的团队同样想搞清楚这个问题，于是在德国柏林音乐学院做了一项研究。①

他们挑选了一批学生并把他们分成三组，第一组学生被称为"未来的小提琴演奏家"，这些学生在别人看来就是"天才"般的存在，未来很有希望成为卓越的小提琴演奏家。第二组学生被称为"优秀的小提琴演奏者"，这些学生可能很难成为卓越的小提琴演奏家，却很有希望成为顶级乐团中的小提琴演奏者。第三组学生被称为"未来的小提琴老师"，他们当时的情况看起来没办法跟前两组学生比，但仍旧很有希望成为优秀的小提琴老师。

埃里克森和他的团队做了很多调查，最终发现这三组学生的相同

---

① 张笑颜.一万小时定律：专业主义改变一切 [M].北京：北京时代华文书局，2014.

点特别多，差异同样明显：累计训练时长不同。第一组学生在 18 岁时的累计训练时长平均为 7410 小时，第二组学生在 18 岁时的累计训练时长平均为 5310 小时，第三组学生的这个平均时长只有 3420 小时。

结论很明显，那些看起来像天才的学生更加优秀，更重要的原因是他们花费了更多的时间进行训练。能得出同样结论的实验还有很多。

智力是可以通过努力改变的，能力是可以通过练习提升的。

人类大脑和身体的潜力超出我们的想象！人在接收新的信息、学习新的知识时，大脑里的神经元细胞之间就会形成通道，同样的信息不断重复，通道就会越来越宽，传输速度越来越快。

这里举个例子来说明。孩子一开始学 1+1=2，他要反应很久，但如果问一个高中生 1+1 等于几，他不需要思考就能直接得出答案，这就是智力、能力可以通过练习提升的生理机制——人的大脑是可以被训练的。孩子如果没有建立对"智力"的正确认知，那么在努力后一旦没有迅速看到效果，就很容易放弃！

你可以把以上这些案例讲给孩子听。很多实验和研究表明，仅仅是让孩子阅读"智力可以改变"的相关故事，就能够对孩子的学习产生积极的影响。

彩蛋 6

我准备了一些与"智力可以改变"相关的视频或文字材料，在公众号"谢麟学习力提升"回复"智力"就可以获取。

下面是一张能力记录分析表，可以用这个表展示孩子已经掌握的知识或技能，也可以用它来记录孩子在学习某项知识或技能过程中的成长和变化。在这个过程中，要让孩子体会他是如何一步一步通过学习和练习，掌握知识和技能的，这对孩子来说是一个潜移默化的过程。在变化中让孩子明白，知识再怎么复杂，都是可以通过点滴的积累学会的，从而提升孩子的信心。

我已经 / 想掌握的知识或技能	我一开始的状态	如何一步一步学习
已经掌握一元一次方程式的解法	我不认识数字	·学会认识数字 ·学习加减乘除运算 ·学习正数、负数等概念 ·学习未知数的含义 ……
已经会写作文	我不会写字	·学习拼音 ·学会认字 ·学会写不同的字 ·学习组词 ·学习写一句话 ……
想学会打篮球	我只会跑和跳	·学习打篮球的基本动作，比如控球、传球等 ·练习一边运球一边跑 ·练习投球 ……

孩子学习需要信心，父母教育孩子同样需要信心。父母发自内心地相信孩子，孩子就能从父母的信任中获得力量。

2. 三个沟通技巧，让孩子积极面对挫折

孩子遇到挫折的时候，父母应给予鼓励，教会孩子从哪里跌倒就从哪里站起来，否则孩子容易在挫折中自我否定，不再相信努力是有用的。

孩子遇到挫折时，父母常用的两种错误沟通方式会让孩子更加害怕挫折。

第一种是否定孩子的情绪。比如，当孩子遇到挫折、情绪不佳时跟孩子说："这才多大点事儿呀，你至于吗？"由于孩子的心智尚未成熟，对于成年人而言一件微不足道的事，对孩子来说可能真的是天大的事。

当父母表示孩子的情绪不应该是这样的时候，孩子感受到的是对他的否定，他会更加怀疑自己，更加没有自信。

第二种是指责孩子。比如，跟孩子说"当时要是听我的劝，就不至于这样""你当时如果能努力点儿，也不会成现在这样，你说这怪谁呢"。

指责只会强化孩子对自己的"错"的关注，孩子会觉得自己很差劲，却又不知道怎么做才"对"。孩子更需要父母和他站在一起解决问题。

不使用这两种错误的沟通方式，就是在做正确的事情，就是在帮助孩子提升对抗挫折的信心。

下面介绍三个能够引导孩子积极面对挫折的沟通技巧。

技巧一：承认事实，客观地鼓励。

有的父母在孩子遇到挫折时可以安慰孩子，觉得这样能鼓励孩子，但很可能会起相反的作用。我们来看这段对话。

孩子："这次考试前我花了不少时间学习，但英语依然考得很差。"

父母："没事儿，你在爸爸妈妈心中永远是最棒的！"

孩子可能会这样想：这个分数跟"棒"没有什么关系，你只是安慰我而已，为什么你要安慰我呢？因为我很差劲。

类似的安慰方式：你已经非常努力了，失败了也没关系。

孩子可能会这样想：对呀，我都这么努力了，还是没考好，果然是我这脑子不行，我就是做不到。

怎样安慰才有效呢？我的答案是承认事实，客观地鼓励。

承认事实就是承认孩子这次没考好，或者说出一些平常观察到的孩子学习上存上的问题和可以改进的地方。比如可以这样说。

"这次你确实没考好（承认事实），但你的付出和努力我相信不会白费的（客观地鼓励，表达信任）。"

"这次英语考试前你也是冲刺复习的，我听老师说，这次英语考试主要还是考单词量，短时间记这么多单词，肯定很容易遗漏（承认事实）。我相信，如果你能坚持，并且尝试

用不同的复习节奏和方法，一定会有成果的（客观地鼓励，
表达信任）。"

如果孩子能从安慰中找到目标和更好的学习方法，安慰就会很
有效果，孩子也就更愿意面对挫折。

这次考试确实没有达到预期，
但你之前的付出不会白费，
而且你也有进步的地方哦！

技巧二：寻找例外。

寻找例外就是指面对问题的时候，去寻找相似情形下没有出现
问题的事例。世界是变化的，问题也不会一直出现，那些没有出现
问题的事例中往往隐藏着解决问题的思路或方法。

比如，马上要考试了，复习时间很紧张，因为出现过复习时间
紧张导致考试成绩不理想的情况，所以孩子觉得自己这次肯定又考
不好，于是每天提心吊胆，而且时不时想放弃复习。

这时父母就可以引导孩子思考这样的问题，如：考前冲刺复习的学科最后是否都会考砸，有没有考前冲刺复习的学科最后考好的经历，这次的情况有什么不一样。

当父母能跳出当前的问题，寻找或引导孩子寻找自己的"例外"经历，孩子就能更好地思考有什么方法能帮助自己应对当前的挑战，学习节奏要怎么调整才能在复习时间紧张的情况下依然取得好成绩。

从例外里总结出来的方法是孩子成功时用过的，所以孩子更容易接受、改进和使用，从而更有信心应对当前的挑战。

技巧三：用"暂时"转换说法。

当孩子不相信自己的能力可以提升时，他常常会给自己贴一些消极的标签，常见的有如下几种。

"我不是学数学的料儿。"

"这个我就是做不到。"

"我不擅长做这方面的题。"

"我试了，没有用的。"

这些表达方式给人一种"盖棺定论"的感觉。用"暂时"转换说法就是在这种表达方式的基础上，加入"暂时"的意思重新表达。

比如，孩子说"我不是学数学的料儿"，父母可以这样回应孩子："哦，听你的意思，你现在对学好数学暂时缺少信心。"这样的回应就是在暗示孩子：你只是暂时学不会，不是永远学不会，能力是可以提升的。

以上就是当孩子遇到挫折时三个能帮助孩子扛住压力、面对挫折、提升自信的沟通技巧。对孩子的学习来说，自信是重要的基础。

父母可以这样做

可以先自己试用能力记录分析表，熟悉后再带孩子分析他的能力成长过程。

3.2

5 分钟高效预习法，
坚持做就会有收获

? 孩子明明在化学上花的时间比生物多，成绩反而更
差，为什么？

1. 预习的核心目的是发现问题

说起预习，父母几乎都知道这是重要的学习方法，但一跟孩子
提预习，很多孩子就不愿意做。最常见的原因有两种：孩子没时间
预习；预习不够高效导致收获少，孩子觉得效果不理想。

怎样可以同时破解这两个难题呢？这里向大家介绍 5 分钟高效
预习法。

具体做法：让孩子上课前在要讲的课本内容中找出一些问题，

然后带着这些问题去听课。你可能会有疑惑：预习不应该是通读课本吗，为什么是找问题？

因为孩子听老师讲课的目的是解决问题，弄明白不懂的知识，所以去掉那些复杂的方式，就会明白其实预习的核心目的就是发现问题。孩子带着问题听课，学习往往更加高效。

你可以现在就体验一下，带着问题是如何让学习变得更加高效的。下面有一幅图，请用 20 秒的时间浏览图里的内容。

现在请你不看图，尝试回答如下两个问题。

①图里有几个男生，几个女生？

②图里有几团火焰？

如果你回答不出来，那么试试带着这两个问题去图里寻找答案，你会发现得出答案所花费的时间不会超过 10 秒。你看，当带着问题去找答案时，你是不是更加专注，也更加高效？

孩子上课学习也是一样的道理，当他通过预习找到问题，然后带着问题上课时，学习就更专注，效率自然就更高。

我辅导过一个高中生。她跟我诉苦，说她感到非常困惑，因为她花了很多时间在化学的学习上，把很多时间都用来做化学题，但是化学成绩还是不理想。而对生物她几乎没花什么时间额外做题，成绩却比化学好，她怀疑自己天生不是学化学的料儿。

真的是这样吗？我通过层层分析发现，那段时间她正在学习的化学知识和生物知识难度差异并不大，但她觉得做化学题会更加吃力，这说明她对化学知识的理解不如生物的到位。于是我继续了解她课堂上的情况，找到了问题的关键。

她每次上化学课都很纠结：想好好听老师讲解，但又怕落下什么重要信息，于是急着想把老师讲的内容都记下来，可又怕记的时候错过老师的讲解。课堂上她听一会儿记一会儿，整个人处于慌乱之中。

但上生物课就没有这样的情况，因为生物课她提前预习了。她每次都会根据自己预习时发现的问题，有重点地去听老师讲课，不会纠结于是先听讲还是先记笔记，于是没有那么多的内耗，学习效率高得多。

她的问题看似跟预习无关，但实际上预习恰恰是解决问题的关键。我相信通过这个案例，你能更好地理解，为什么预习的核心是找到问题，而找到问题又是怎么一步一步提升听课、写作业等一系列环节的效率的。

2. 小学、初中、高中预习方法示范

接下来，我分别以小学、初中、高中的不同学科的预习为例，示范怎样教孩子在预习的时候找问题。

【小学·语文】

小学语文课文的结尾，一般都会有类似这样的问题：

> 读课文，想想作者对哪些事物做了细致观察，说说你是从哪里看出来的。

这时父母可以让孩子用铅笔做一个标记，提醒孩子在上课的时候，一边听老师讲课，一边在老师讲的内容中寻找这些问题的答案。

对小学生而言，父母可以把预习这件事做得更有趣一些。比如，跟孩子比赛一起找问题，父母可以列出 1~3 个工作中的问题，孩子则通过预习找出第二天老师要讲的内容中的问题，等一天结束回到家，大家都把自己找到的答案说出来，比一比谁找到的答案多。父母甚至可以用一张打卡纸每天做记录，让孩子感受到每天找到问题、解决问题带来的成就感，这样孩子就会更加喜欢预习。

【初中·数学】

初中数学课本中，一般会在例题解析的旁边给出让学生思考的问题，比如：

> "负"与"正"相对，增长 −1，就是减少 1；增长 −6.4%，是什么意思？什么情况下增长率是 0？

这些就是需要孩子通过上课时认真听讲解决的问题。仔细看这些问题你就会发现，如果孩子放学后能回答出来这些问题，那就说明他已经理解了对应的知识点或概念。

除了课本中的问题，孩子联想到的相关问题也可以记录下来，让孩子带着这些问题去课堂上找答案。

【高中·英语】

高中英语课文的结尾，也会有让学生思考的问题，比如下面这三个问题。

> 1. What is Ann like? How do you know?
> 2. What does "You'll never see me without a book or a pen" mean?
> 3. Which profile do you like better? Why?

这三个问题就可以作为预习的问题。初中、高中的孩子比小学生有更强的学习自主性，所以父母可以把这样的预习方法分享给孩子，鼓励他们记录问题的解决情况，比如用打卡纸记录每天预习时标记的问题数量和上课时解决的问题数量。1/2 是指预习的时候标记了 2 个问题，上课后能回答出 1 个；3/3 指预习的时候标记了 3 个问题，上课后能回答出 3 个。

31 Day Track

Goal _____

Date   .   .   —   .   .

01	02	03	04	05	06
07	08	09	10	11	12
13	14	15	16	17	18
19	20	21	22	23	24
25	26	27	28	29	30/31

孩子在刚开始尝试预习的时候，甚至都不用记录得这么详细，只要孩子预习了，打个钩就行。做了就比不做强！先完成，再完美。让孩子多感受到一些成就感，再提高标准。

以上就是 5 分钟高效预习法的内容，相信你现在能理解为什么叫 "5 分钟高效预习法"，因为这样做真的很节省时间，孩子甚至在上课前的课间休息时都能够把预习这件事完成。对孩子来说，做起来既轻松，又能带来更强的实践动力！

当然，孩子如果有更多时间来预习，就完全可以把预习做得更加系统、全面。我准备了高效预习（进阶版）课程，这种预习方法对小学五年级以上，尤其是初中和高中孩子的学习会很有帮助。

彩蛋 7

高效预习（进阶版）课程，
在公众号"谢麟学习力提升"回复"预习"即可获取。

父母可以这样做

小学一年级到三年级的孩子几乎不具备自主预习的能力，所以这时可以降低预习的难度。怎么做呢？

预习的核心是发现问题，发现问题的前提是孩子有好奇心，所以可以用游戏的方式培养孩子的好奇心，为孩子以后养成自主预习的习惯打好基础。比如，问孩子"猜猜你最喜欢的老师明天会穿什么衣服""猜猜你最喜欢的老师明天上课会讲什么"等。

3.3

不会听课的孩子成不了学霸！
试试"2+1 高效听课法"

? 听讲、阅读、看图、做习题，用哪种方式学习效率最高？

如果跟孩子说"上课要专心听讲"，孩子大概率是不会有什么反应的。你可以换一种方式，给孩子看下边这张表。

仔细看这张表就会发现，如果孩子每次听课的效率是50%或75%，三年累积下来，孩子相当于比听课效率高的孩子少学习半年甚至一年。而课堂的时间占据了孩子学习时间的很大一部分，可以说听课效率对孩子整体学习效率的影响非常大。所以说，不会听课的孩子成不了学霸。

	40 分钟	35 分钟	30 分钟	20 分钟
听课效率	100%	87.5%	75%	50%
1 年时长	1493 小时	1306 小时	1119 小时	746 小时
3 年时长	4479 小时	3918 小时	3357 小时	2238 小时

怎样才能更高效地听课，提升上课环节的效率呢？这里我分享"2+1 高效听课法"，其中 2 指的是 2 个听课技巧——提取记忆、康奈尔笔记法；1 指的是 1 种听课姿态——主动学习。

1. 高效听课的技巧：提取记忆

高效听课的第一个技巧，叫提取记忆。什么是提取记忆呢？很多时候，孩子明明认真记住的内容，没多久又忘记了，父母或者孩子都可能会觉得是因为记得不够牢，或者记忆力出了问题。心理学家通过研究发现，那些我们看过、听过的知识，大脑其实都记住了，只是我们提取不出来。

比如，你遇到一个老同学，你感觉他的名字就在你嘴边，但你就是说不出来，这时候老同学提醒你："是我啊，当时咱俩老在一起吃冰棍来着，你再想想！"老同学一提醒，你终于想起来了，他叫"李大冰"。由此可见，他的名字你并没有忘记，只是没能从记忆中提取出来。

记忆＝记＋忆，"记"是记住，如通过听、读、看去记住；"忆"是提取，如在大脑中回忆或者默写出来、背出来。

孩子在上课的过程中，会接触很多新的知识，大部分都是需要记住的内容，如果只是一味地去"记"而不去"忆"，就可能出现孩子上课的时候听得很专心，也觉得记住了，回到家做作业却感觉已经忘了一大半的情况。但如果孩子能在上课的过程中，一边记知识，还一边做提取练习，那么听课的效果将会非常好。我常常跟家长说 2+1>5，意思是"记"2 遍加"忆"1 遍的效果要比只"记"5 遍好。

那么，在上课的时候如何做提取练习呢？可以让孩子在上课的一些等待间隙，回忆刚刚老师讲过的知识点。这就是在做提取练习。

了解了做提取练习的高效之后，就可以在更多的学习环节中使用这种方法。比如，在上完课的课间、回家的路上都可以回忆老师上课讲过的内容。记忆语文字词、古诗或英语单词的时候，也可以用这种方法。

当然，孩子在尝试的过程中可能会发现，进行提取练习并不轻松，甚至很容易卡住。比如，一首古诗里记不起几句，甚至只能记住几个词，那也没关系，一句一句地进行提取练习，坚持下去，孩子就会发现这是更加高效的记忆方法！

2. 高效听课的技巧：康奈尔笔记法

康奈尔笔记法是由康奈尔大学的教授沃尔特·鲍克发明的，他将课堂笔记分成三个区域，分别是笔记区、线索区、总结区。

2 线索区	1 笔记区
· 课后进行 · 对照课本、笔记的内容，尝试将核心内容提炼成关键词或短语，然后写在本区 · 当天复习时进行提取练习，对照关键词或短语，尝试回忆出具体的知识点内容 · 如果进行了预习，则查看预习时找出的问题是否已经解决	· 课堂上进行 · 记录上课的内容，包含上课的重点、疑点、相关待办事项等

3 总结区
· 课后进行，建议在作业练习后进行，但最晚不超过一周 · 提取练习：不看课本和笔记区，只对着线索区尝试回忆课程内容 · 总结归纳：用自己的话总结出对知识的理解、令你印象深刻的收获等

笔记区主要用于在课堂上进行记录，记录上课的重点、疑点或相关的待办事项。相关的待办事项指的是由上课内容想到的要完成的学习任务，比如要复习的知识点、要查找的资料等。

父母要提醒孩子的是，上课时更关键的是去理解老师讲的内容，所以在时间不足的情况下，没必要把老师说的每句话都记下来，优先记标题、老师反复提醒的内容、老师通过各种符号标记的重点内容。先确保笔记结构完整，细节内容可以在课后补充。

这里有个小技巧：可以看着记下的笔记框架做提取练习，即尝试看着重点词回忆内容，想不起来时再去对照课本把笔记内容补上，这样顺带又巩固了一次记忆。

线索区用于课后填写，填写过程有三个关键步骤。

首先，对照课本、笔记的内容，尝试将核心的内容提炼成关键词或短语并写下来。

其次，在当天再做一次提取练习，巩固记忆。具体的方法是对着线索区整理好的关键词和短语回忆具体的内容。如果孩子实在没时间，在下课后的 48 小时内完成这步也是没问题的。

最后，如果孩子有预习的习惯，可以把预习时找出的问题先写在线索区，课后整理线索区时想一想这些问题是否已经解决；如果没有，就要及时查看课本或向老师、同学请教，确保问题得到了解决。

总结区的填写也是在课后进行的。这一步建议在做完相应的作业、练习之后进行，但尽量不要超过课后一周，这样可以在练习的基础上再做一次知识的巩固。填写总结区的具体方法：先不看课本和笔记区的内容，对着线索区尝试回忆相关的课程内容，然后用自己的话描述和总结知识点。注意，在总结区进行的描述、总结跟在线索区提炼关键词是有区别的：在总结区一定要用自己的话进行总结，表达自己对内容的理解或自己的收获等。

你会发现，康奈尔笔记法不仅涵盖了听课环节，还涵盖了课后复习环节，而在这个过程中孩子需要不断地进行提取练习。通过这样的方式，孩子能大大地提升掌握知识的效率。

3. 高效听课的姿态：主动学习

输入知识　　　输出练习

学　习

学习分为两个重要的部分，一个是"学"，主要是指输入知识；另一个是"习"，指的是输出练习。输入知识是练习的基础，而练习会进一步巩固知识的输入。在这样的相互促进下，孩子可以成功地获取知识、技能。那么"学"和"习"哪个更重要呢？

著名的学习专家埃德加·戴尔曾提出"学习金字塔"理论，他把学习从塔尖到塔底分成了不同的方式，用越靠近塔底的方式学习，学习的内容留存率就越高。

学习金字塔

例如，塔尖的学习方式是听讲，对应的学习内容平均留存率是5%，意思是如果上课只是"听"，不用其他的学习方式输入知识，最终能在大脑中留下来的内容只有学习内容的5%。如果采用塔底的学习方式"教授给他人"，那么最终能在大脑中留存下来的内容能达到学习内容的90%。

听讲、阅读、看图片、示范演示这些学习方式，都属于"被动学"，主要是输入知识；而讨论、实践、教授给他人这些学习方式属于"主动习"，更多的是在输出知识。很明显，用主动学习的方式学习效率要高很多，所以想要让孩子的学习更加高效，一定要引导其把主动学习的姿态带到学习的每个环节。具体怎么做呢？

拿听讲举例，如果只是被动地"听"，那就是被动学习；但如果按照前面介绍的高效听课的技巧来进行，那就在"听讲"中加入了主动学习。例如，让孩子在老师讲课的空隙时间尝试做提取练习，这就是在做输出练习。所以并不是说"听课"是被动的学习方式，关键在于"怎么听课"。再如用康奈尔笔记法学习，在线索区提炼关键词，在总结区进行描述和总结，都是在做输出练习，是主动学习的方式。

再拿"预习"举例，如果只是被动地浏览课本，则吸收内容的效果肯定有限；但如果能在浏览课本的基础上提出几个问题，甚至做几道练习题，这样的预习就是在主动学习，效果也会更好。

复习也是一样的道理。把书再看一遍，把笔记再看一遍，不如闭上眼睛在大脑中做提取练习，或者尝试用复述的方式把内容讲给别人听，或者一边回忆一边尝试在纸上写出内容的结构，这些都是输出练习，是主动学习的方式。

当具有了主动学习这样的高效学习姿态时，父母就可以引导孩子把这样的学习姿态应用到各个环节中，学得越来越省力！

父母可以这样做

让孩子当老师，和家人分享他当天学到的内容，孩子分享的过程就在做提取练习。你可以问孩子诸如此类的问题："今天老师都讲了哪些内容？""让你印象最深刻的一个知识点是什么？能不能也教给我？""如果让你对今天学习的内容提一个问题，你的问题是什么呢？"

3.4

这样训练孩子写作业，
有效提升成绩

? 孩子写作业前总是拖延，怎么办？

　　写作业其实就是实践，是非常高效的学习方法，也是最像考试的环节，可以说好好写作业是提升学习成绩的关键环节。

　　接下来，我会从如何高效启动、如何让写作业的节奏更紧凑，以及如何用睡眠和运动提升写作业的效率这三个角度，详细讲解训练孩子写作业的方法与技巧。

1. 高效的启动

　　俗话说万事开头难。经历了一天的学习，孩子回到家、吃完饭，甚至休息了一会儿后，想要快速进入高效写作业的阶段，确实有一定的挑战性。针对常见的影响孩子启动写作业的原因，我提供四个实用的小技巧。

技巧一：先复习，再写作业。

作业考查的是知识点的应用，孩子如果对课堂上老师讲的知识点都模糊不清，写作业的时候肯定很容易卡壳，这种卡壳的感觉容易让孩子走神儿、逃避写作业，或者没写多久就想放弃。所以在写作业前，最好让孩子复习一下当天学过的相关知识点。如何复习呢？用上一节讲的康奈尔笔记法，也就是让孩子整理线索区和总结区的内容。

技巧二：列出当天的作业计划。

当孩子把学习任务都列出来，做好计划时后，压力就能得到一定的释放，孩子就会更容易启动写作业。在规划写作业的顺序时，可以建议孩子把最想写的作业排在前面，这样能吸引孩子更快地启动写作业。

技巧三：告别拖延的 3 分钟启动法。

如果孩子很磨蹭，总是不愿意开始写作业，可以试试 3 分钟启动法，每次孩子想拖延的时候就制定一个目标——学习 3 分钟。其实大多数时候，孩子一旦开始写了，就会继续下去。3 分钟启动法的本质是给孩子一个非常小的、马上就能实现的目标——学习 3 分钟。

根据这个道理, 3 分钟启动法也可以变形为"就先做一道题"。

孩子磨蹭,不想开始,是因为写作业给他的压力太大,所以只有使要完成的目标足够小、门槛足够低,孩子才能快速启动,然后逐步完成全部作业。

先定一个小的目标,
写 3 分钟就算成功!

技巧四: 排除电子产品的干扰。

电子产品对孩子专注力的破坏性极强,所以在孩子写作业的时候一定要把它拿开。如果孩子写作业时能轻易地接触到电子产品,一边是让他头疼的作业,一边是让他感到轻松、刺激的游戏或视频,他的选择可想而知。

2. 高效的节奏

很多孩子写作业的习惯不好，过程很拖拉。比如，刚把课本拿出来，看到课本上的笔记，思绪就飘走了——突然想起上课的时候某某同学跟自己说过的话，等回过神儿来，10 分钟就过去了。又比如，正在写数学作业，突然想起语文作业有一个地方忘记写了，于是开始找语文作业，等回到数学作业时 10 分钟又过去了。就这样，20 分钟过去了却几乎啥也没做，孩子想"干脆起来走走吧"，结果10 分钟又过去了。由此看见，没有电子产品的干扰，孩子照样能磨蹭半小时。

这样的情况非常常见，在此我想介绍的方法叫番茄时钟法。简单地说，番茄时钟法就是用时间来分割任务。比如，设定每次专注写作业的时间为 25 分钟，25 分钟后是 5 分钟的休息时间，紧接着是下一个 25 分钟的专注时间、5 分钟的休息时间。每一个 25 分钟就叫一个番茄钟，每完成 4 个番茄钟之后，可以多休息一会，比如休息15~20 分钟。

在不用番茄时钟法的时候，孩子写作业的计划可能是下面这张表中的样子。

任务	预计时长
写数学作业	60 分钟
写英语作业	40 分钟
写语文作业	50 分钟
背诵单词	30 分钟

这种方式中有一些任务的预计完成时间很长，你会发现孩子在这个过程中容易疲惫，进而开始拖延。如果用番茄时钟法制订写作业的计划，可能就会是下面这张表中的样子。

时间	任务
番茄时钟 1（25 分钟）	写数学作业 P24
番茄时钟 2（25 分钟）	写数学作业 P25
番茄时钟 3（25 分钟）	数学对答案 + 做英语阅读 1 篇
番茄时钟 4（25 分钟）	做英语阅读 2 篇
番茄时钟 5（25 分钟）	做文言文阅读 1 篇
番茄时钟 6（25 分钟）	整理语文字词
番茄时钟 7（25 分钟）	背诵单词

想必你已经发现了，番茄时钟法是用时间来分割任务，用时间限制来督促孩子提高完成每项任务的效率。

在使用番茄时钟法时，常常会遇到两种让人棘手的问题。一种是在安排学习任务的时候，有些学习任务没法凑成整数的番茄钟。比如，完成数学作业要 60 分钟，理论上比两个番茄钟的时间多 10 分钟，这种情况很好办，直接把其他学习任务接上就行，也就是在剩下的 15 分钟安排其他的学习任务。

在安排学习任务的时候，有个小技巧能提高孩子学习的积极性，那就是把孩子感兴趣的和不那么感兴趣的学习任务穿插安排。比如，孩子对数学、物理更感兴趣，对英语、语文相对不那么感兴趣，那就可以把顺序安排成数学、英语、物理、语文，或者英语、数学、语文、物理，具体的顺序可以让孩子根据自己的意愿安排。

使用番茄时钟法的另一种常见问题是，时间到了但是学习任务还没完成。这时可以让孩子预估一下剩下的任务还需要多长时间完成，如果所需时间少于一个番茄钟的 1/3，即 8 分钟以内，那就可以继续做；否则就先把剩下的任务停下，按原计划继续执行其他任务，等全部学习任务结束后再增加番茄钟以完成之前剩下的任务。

为什么不在当时立即增加一个番茄钟呢？因为这样会影响孩子的"心气"。如果在当时马上增加一个番茄钟，很多孩子就会感觉计划的严肃性遭到了破坏，打破计划似乎可以变得很自然，那么这时即使有番茄钟，孩子也会拖延，番茄时钟法就发挥不了作用了。

需要注意的是，不同年龄的孩子能够保持专注的时长是不同的。小学三年级及以下的孩子，专注时长可能只有 10~20 分钟，所以建议一年级到三年级的孩子在写作业的过程中，可以把作业切分成多个任务，完成每个任务的时间不要超过 20 分钟，中间要留出休息时间，这样能让孩子在写作业的过程中更加专注。四年级及以上的孩子可使用番茄钟进行练习。

3. 两个不容忽视的因素：睡眠和运动

学习不仅拼方法、拼努力、拼毅力，还拼身体。同样是学习了一整天，有的孩子已经昏昏欲睡，有的孩子仍然精神百倍。身体好是高效学习非常重要的根基。这里我想重点说说睡眠和运动对学习效果的影响。

很多人觉得睡觉是休息，醒着学习才算学习，其实睡觉也在学习，睡眠时间也算学习时间！

我们的大脑中有一个部位叫海马体，记忆、学习和这个部位有非常大的关系。海马体主要负责把短时记忆转化成长期记忆，而且在人进入深度睡眠时会被充分激活 [1]。如果睡眠不足，孩子在白天学的很多知识就没法变成长期记忆，于是孩子背了忘，忘了背，如此反复。

我在讲课时常常这样比喻：学习就像盖房子，白天的学习就像在堆砖头，晚上睡着后我们的大脑就开始自动给砖头糊水泥，学习

---

[1] 刘丽娜. 哈佛记忆课 [M]. 北京：中国法制出版社，2015.

和睡觉的时间要平衡，学习才会更有效；否则学得再多，堆放的砖头总有一天会塌下来，我们又得盖一遍。

所以不要觉得睡觉就是在休息，其实睡觉也是在学习！

在孩子写作业的过程中，如果孩子感觉很累、很困，告诉孩子不要硬撑。睡觉不是偷懒，不是不努力，睡觉也是一种学习，小睡一会儿反而能提升整体的学习效率。那么睡多长时间合适呢？在时间紧张的情况下，10~15 分钟较为合理。

时长	结果
10~15 分钟	能有效恢复精力和警觉，醒来后很清醒，记忆效果也有短暂时的提升
30 分钟	记忆效果能得到更好的提升，但醒来后大约会迷糊 30 分钟，精力恢复慢
60 分钟	记忆效果能得到更持久的提升，醒来后仍然会迷糊，但比睡 30 分钟要好一些
90 分钟	完成了一个完整的睡眠周期，能有效恢复精力，能很好地提升记忆力和创造力，醒来后很清醒

说完睡眠，再说运动。

人在运动的时候，会分泌肾上腺素、血清素、多巴胺，这三种物质会对孩子的学习产生积极的推动作用。

肾上腺素会让孩子的精神紧张起来，于是能更专注于当前的学习。血清素可以让孩子的情绪变得更加稳定，比如，孩子写作业时很烦躁，血清素就能降低这种烦躁程度。血清素还能增强记忆力。

多巴胺则会让人兴奋和愉悦，心情更加愉快。

所以孩子在写作业的休息间隙，可以原地跑一跑、跳一跳，把大脑调整到一个更加兴奋、清醒的状态，写作业也就更加高效。

父母可以这样做

如果孩子写作业时总是拖延，可以尝试听听孩子的想法和感受，并和孩子一起讨论、制定解决这个问题的方案。

3.5

用好复利效应，
孩子再小的努力都有成果

1. 复利效应：小努力也能叠加出惊人的效果

什么是复利效应呢？我们在银行里存的钱会产生利息，随着时间的推移，产生的利息又会作为本金继续产生利息，像滚雪球一样，利息会越来越多。

学习也是一样的道理。学习是有流程的：目标→预习→上课→复习→作业→考试。利用好这样的流程，就会产生复利效应：在流程中的每个环节多做一点儿很小的努力，叠加起来就会有惊人的效果。

目标		预习		上课		复习		作业		考试
+10%		+10%		+10%		+10%		+10%		+10%

你不妨计算一下，如果每个环节的效率都提升 10%，那么最终的学习效率是多少？

每次我问这个问题的时候，不少父母和孩子的答案都是 10% 或者 60%，但其实都不对。在这个流程里，前后环节是紧密相连的，前一个环节提升效率，会对下一个环节有正向的影响，最终使整体的学习效率明显提升。

这就是每个环节提升一点儿效率带来的复利效应。在学习中，孩子只需要在每个学习环节多做一点儿小小的努力，就能获得很大的提升。

提升 10% 难吗？真的不难。比如，孩子原来在上课的 40 分钟里能认真听 30 分钟，提升 10% 就是认真听 33 分钟。多听 3 分钟的课，可能就是上课前把课本准备好这么简单，因为提前准备好就不会耽误上课开始时的听课。多听 3 分钟的课，也可能是在课前花 5 分钟预习就能做到的，带着问题听课，就能少走神儿 3 分钟。这样的提升目标对孩子来说，实现起来是不是比较简单？父母推动孩子制定这样的学习目标，同样也会简单得多。

从目标到考试，其中的每个学习环节都能拆成很多的小环节，比如写作业就可以拆成制订计划、启动写作业、解决难题、检查作业、修改错误等环节。环节越多，学科越多，每个环节效率提升带来的复利效应就越明显。

英国的自行车教练戴夫·布雷斯福德就利用了流程中的复利效

应，让一支世界垫底的自行车队在短短几年内崛起，先是在 2008 年北京奥运会上拿走了自行车项目 60% 的金牌，紧接着又在 2012 年的伦敦奥运会上打破了 9 项奥运会纪录和 7 项世界纪录。他是怎么做到的呢？

2003 以前
英国自行车队被称为"最失败的车队"

2008 年
在北京奥运会期间，英国车手拿走了自行车项目 60% 的金牌

2012 年
打破了 9 项奥运会纪录和 7 项世界纪录

他对影响自行车比赛成绩的全部环节进行了拆解，想尽办法让每个环节的效率都提升 1%。比如，用酒精擦拭轮胎，增加轮胎的抓地力；请外科医生教运动员如何更好地洗手，因为这样会降低他们患感冒的概率；研究、测试不同类型的按摩凝胶，看哪种能更好地帮助运动员缓解肌肉酸痛；外出比赛时，给运动员准备好舒服的枕头，方便运动员更快入睡；把运送自行车的车厢内壁漆成白色，因为这样能更容易发现灰尘，以免灰尘落在自行车里影响自行车的性能……

这些 1% 的提升看起来微不足道，但这几百个 1% 的提升叠加起来，就产生了爆发式的改变，车队的成绩提升成了大家眼里的"奇迹"。

2. 学习目标清单

我整理了一些在学习流程的各个环节中可以制定的小目标，供你参考。

【目标】

目标能让孩子学习时更加专注，减少内耗，以下是两种常见的制定目标的角度。

①以时间为标准，制定一个为期一周的日常学习目标。比如，这周每天都进行 5 分钟的语文课前预习。

②制定掌握某个知识点或某种题型的学习目标。比如，通过两周的练习，把数学的几何题型的解答准确率提升到 90%。

【预习】

预习是为了找出问题，当孩子带着问题主动学习时，学习效率会更高。

①课前找出问题并标记，带着这些问题在课上听老师讲解时找答案。这些问题可以是课本中一些带问号的问题，也可以是孩子看到这些问题后联想到的其他问题。

②课前将课程内容的大小标题浏览一遍，了解课程内容的框架。

③提前做新内容的课后练习题，正确率不重要，主要是为了让孩子对错误有深刻的印象，从而带着问题听课。

【上课】

上课是学习流程中占用时间最多的环节，也是老师讲解知识、帮助孩子解决问题的环节，这个环节的效率对学习至关重要。

①课前准备好相关的书本和文具，不错过课程开始时的内容。

②课前冥想5分钟，放松大脑，同时提升上课时的专注力。

③课前预习，以提升听课时的专注度，减少走神儿。

④把感到困惑的内容记下来。

⑤把老师讲到的重点内容记录下来。

【复习】

复习的关键作用是巩固记忆、加深理解，通过回忆学习内容可以巩固对知识点的记忆，通过归纳总结可以加深对知识点的理解。

①在下课后、写作业前的任意时间里，尝试回忆老师上课讲过的内容，提炼出至少3个关键词，这就是巩固记忆的过程。

②用复述的方式巩固记忆并加深理解。复述就是指用自己的语言表述、总结老师上课讲过的内容。

③用画思维导图的方式巩固记忆并加深理解，如画出上课内容的结构图、知识点的对比图等。

【作业】

①先复习再写作业，提高作业的练习价值。

②用3分钟启动法快速启动写作业。

③用番茄时钟法提高写作业的效率，模拟考试状态。

【考试】

①考前进行冥想，提升专注力，缓解紧张。

②考前深呼吸，调整精神状态。

③遇到没有解答思路的题，限定思考时间，在限定的时间内没答出来就进行标记，然后跳过此题，保证把会做的题先做完。

④提前将草稿纸对折、分区，降低抄错答案的概率。

> 每一个学习环节中的小目标没有先后顺序，而且选择一个就行。如果一个学习环节中的小目标全部都要完成，这对孩子来说可能就不是"小目标"了。目标太大会让孩子感到压力太大，所以我建议选一个先开始，坚持更重要。

你可能会问，先从哪个环节选择和制定小目标呢？是先从预习里选一个，还是先从考试里选一个？从对学习的影响程度来说，越靠前的学习环节对整体的学习效率影响越大。比如，孩子如果不预习，那么上课效率肯定受影响；上课效率受影响，复习花费的时间就更多，复习效果也受影响；复习效果不好，作业也受影响。

所以在正常情况下，建议优先制定更靠前的学习环节的小目标，同时参考孩子的兴趣和意愿，孩子越有兴趣做的事，就越有动力做。

当然，每个孩子情况不同，如果说孩子在目标、预习这些环节已经做得很好，那就可以从上课环节开始制定小目标。

改变并不容易，时间会带来最大的复利效应。虽然只在一个环节上努力，但因为要实现的目标相对小而且容易，孩子会更有动力去做，达成后也更有成就感。长期坚持，你会发现日积月累的效果同样很惊人。

什么都不做	每天进步一点	每天偷懒一点
$1^{365}=1$	$1.01^{365}=37.8$	$0.99^{365}=0.03$
	$1.02^{365}=1377.4$	$0.98^{365}=0.0006$

一旦孩子养成某个小目标代表的习惯，父母就可以引导孩子制定下一个小目标。比如，孩子一开始只是坚持做好课前 5 分钟预习，这个行为一旦成为孩子的习惯，预习这件事对孩子来说就像每天刷牙一样，几乎不会过度消耗他的意志力和精力，此时就可以给孩子制定上课的某个小目标。

我辅导过很多顶尖名校的学生，也帮助了近 20 名高中生考上清华大学或北京大学。很多优秀的孩子，并没有在每个学习环节都做得特别好，他们只是在某些环节做得好并坚持了很多年。不要焦虑，要相信小目标的力量，相信时间的力量，坚持下去，你和孩子的任何一点努力都不会白费！

父母可以这样做

1. 给孩子分享学习流程中的复利效应，鼓励孩子重视每一次小小的努力，让孩子更加相信努力和坚持的力量。
2. 参考学习目标清单，与孩子讨论并制定他接下来的小目标。

第 4 章

五个应考策略，
帮孩子抢下该得的每一分

4.1

因为紧张而丢分太冤枉!
三个方法应对考试紧张

? 为什么孩子面对考试会紧张?

你的孩子在考试时会紧张吗? 他因为考试紧张而丢过不该丢的分吗?

曾经有一个高中生的妈妈告诉我,孩子平常考试的时候很容易紧张,比如在老师发试卷的时候,他会手心冒汗;看到其他同学翻试卷,他就担心自己做得太慢,于是很紧张;有时还会因为发现自己紧张,担心自己会发挥不好,结果更紧张了。

他的答题节奏总被这样的紧张情绪打乱,很多正常状态下能做对的题也会丢分。我给他介绍了应对考试紧张的方法,后来高考的时候,他很好地应对了考试紧张,并且超常发挥,最终考入了一所

"985"高校。

想知道我当时是如何做的吗？

1.适度放松，减少自我责备与担忧

第一个方法是引导孩子接纳自己的紧张情绪，适度放松。很多时候孩子对紧张没有一个正确的认知，感觉到自己有一点紧张后，就会特别担心影响自己的发挥，然后就会更紧张。本来一点点紧张并不会影响孩子，但因为这一点点紧张被放大，反而真的影响了他。

这时父母可以告诉孩子，紧张是非常正常的，面对一些重要的事情或活动，人都会紧张。心理学家耶基斯和多德林的实验研究结果指出，人的激动程度和发挥水平呈现一个倒 U 形的关系，当人的

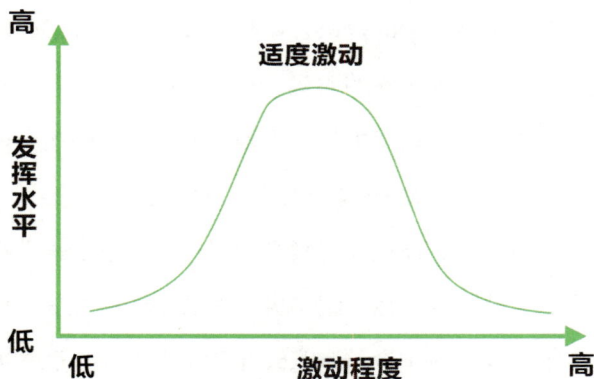

激动程度适中时，反而发挥是最好的。你可以理解为，适当的紧张，反而会让孩子的大脑"被激活"，发挥出更好的水平。

所以，不妨把以上所说的紧张的好处分享给孩子，当孩子能客观看待紧张时，就不会因为一点点紧张而担心，进而影响发挥。当然，如果孩子过于紧张，那就需要用下面介绍的方法，帮助孩子缓解。

2. 接地练习，有效缓解紧张情绪

接地练习是心理学中一种缓解焦虑的方法，具体可以这样操作。当孩子感觉紧张时，他可以环顾一下考场，把能看到的物品的颜色、形状或名称在心里默念一遍。比如"我看到一面国旗，还有一块黑板，6盏白色的灯……"。这样做一遍，孩子会发现紧张情绪缓解了不少。

之前我帮助的那个孩子，高考时第一科考语文，老师发试卷的时候他开始紧张，于是马上用了这个方法，最终发挥得很好。

当我们紧张的时候，我们常常想的都是过去或未来的事情，而不是当下的事情。比如，孩子在紧张的时候会想："我上次语文就没考好，丢了很多分。这次如果还考不好，老师和父母会对我很失望。"这些对过去的后悔和对未来的担忧，会让孩子分心。而接地练习可以很好地把孩子的注意力拉回来，孩子没那么多后悔和担忧，自然就缓解了紧张，就能集中注意力在接下来要做的事情上。

可以引导孩子在平常的时候多做这样的练习，积累经验后，在关键时刻使用才有效！

3. 换个想法，减少紧张情绪的产生

有时孩子的紧张是因为自己内心的一些不恰当想法而产生的，当孩子的想法改变时，可能就不紧张了。

比如，孩子做题的时候，看到别的同学翻试卷，于是很紧张。这时孩子之所以紧张，是因为他可能带着一个想法——别人做得比我快，我太慢了，我会做不完的。父母要告诉孩子："这只是你的想法，不一定是事实。别的同学翻试卷，可能是他前面的题都不会做，于是跳过去了。"如果孩子以这样的想法看待别人翻试卷这件事，他就不会紧张了。

当然，想法也不是想改变就能改变的，有时孩子就是偏偏不那么去想。怎样可以让孩子更顺利地转换想法，从而调节自己的紧张情绪呢？这就需要父母在平时多带着孩子对他的负面情绪进行分析，训练孩子从多个角度看待事情的能力。

可以借助以下这张情绪分析表格来帮助孩子学习调节自己的负面情绪。

1 客观事件	马上要考试了	马上要考试了	马上要考试了
2 情绪反应	情绪：紧张 分值：9分 表现：睡不着觉	情绪：担忧 分值：9分 表现：不能集中注意力复习	情绪：紧张 分值：9分 表现：大脑一片空白
3 主观想法	如果考不好，大家都会看不起自己	如果考不好，说明自己不是读书的料儿	这次考不好，说明自己的学习能力不行，中考/高考也考不好，未来会找不到工作
4 调整后的主观想法	大家不会只用考试成绩去看待一个人，不管考试成绩如何，自己的好朋友、家人、老师都会支持自己	一两次考试不能说明什么，能力是可以提升的，爱因斯坦也是从1+1=2开始学习的	如果考不好，正好能发现自己的问题，在大考前解决这些问题，争取大考考好
5 调整后的情绪反应	情绪：紧张 分值：6分	情绪：担忧 分值：5分	情绪：紧张 分值：6分

父母可以按照表格第一列从 1 到 5 的顺序，带孩子一起分析自己的情绪，学习转换不合理的想法。

举个例子，之前我帮助的一个孩子，临近考试很紧张，于是我带着孩子写下如下的内容：客观事件是"马上要考试了"，情绪反应是"紧张"。

为了更好地评估孩子的紧张程度，我让孩子给自己的紧张程度打分，我问孩子："如果给你的紧张程度打分，10 分是满分，代表特别特别紧张，0 分是完全不紧张，你觉得你当前大概是几分呢？"孩子给自己打了9分。

我又问他："紧张的时候，你会有哪些反应呢？"他说会紧张得睡不着觉。看来孩子真的挺紧张。

我继续问他："为什么考试会让你紧张呢？"我想知道是什么主观想法让孩子在面对考试时紧张。

他说："我觉得考不好大家都会看不起我，所以很紧张。"

"担心自己考不好"就是"主观想法"。很明显，孩子这样的想法是消极、悲观的。这时需要找出一些证据给孩子看，让他发现事情没有他想象的那么糟糕。

于是我问他："你觉得谁会看不起你？"

孩子："同学会看不起我。"

我："如果你没有考好，你的爸爸妈妈会看不起你吗？"

孩子："他们不会，他们一直鼓励我。"

我："哦，如果你没有考好，你的老师会看不起你吗？"

孩子："我不清楚。"

我："上次你的同学没考好，老师有没有看不起他们呢？"

孩子："没有。"

我："嗯，看来你的爸爸妈妈，还有老师都不会看不起你。那你的好朋友呢？你如果没考好，他会看不起你、不跟你做朋友了吗？"

孩子："我觉得不会，上次他没考好，我也继续跟他做朋友。"

我："是啊，你看，大多数人都不会因为你没考好而看不起你，对吗？你的爸爸妈妈、老师、好朋友都会支持你，他们不会只根据你的考试成绩来评估你。"

孩子："哎，好像真是这样。"

我："你下次再因为担心被别人看不起而紧张的时候，可以怎么做？"

孩子："我就不那么紧张了，我提醒自己，很多人还是会支持我的。"

我："嗯，非常好！下次再遇到这样的情况，你就试着这样想，看看会不会好一些，好吗？"

孩子："好。"

我："如果现在再让你给自己的紧张程度打个分，你会打多少分？"

孩子："6分吧，我感觉好多了。"

多用这样的方式带孩子分析自己的情绪，不仅能让孩子在面对考试时减少紧张情绪，还能全面提升孩子对情绪的管理能力，拥有更高的情商。

这种分析情绪的方法同样适用于我们成年人，帮助我们管理负面情绪。

1 客观事件	本来成绩比孩子差的学生这 次考得比孩子好	孩子跟自己顶嘴
2 情绪反应	情绪：气愤 分值：8 分 表现：没耐心	情绪：委屈、生气 分值：9 分 表现：吼孩子
3 主观想法	孩子肯定是偷懒、不上心， 才退步了	我为了他好，给他建议，他 明明知道自己不对还跟我顶 嘴，不尊重我
4 调整后的主观想法	可能孩子也有进步，只是其 他同学的进步更大，了解一 下别人用了什么方法，孩子 说不定也能进步更快	孩子可能有自己的想法，正 是因为信任我才会表达出 来，否则就直接不回应我 了，那样才不尊重人
5 调整后的情绪反应	情绪：气愤 分值：5 分	情绪：生气 分值：3 分

　　最后我想提醒的是，保证日常的学习足够扎实很关键，平常学习到位、复习到位，孩子就有底气、有信心，否则再怎么想办法来缓解考试紧张，效果都不好。

父母可以这样做

当你紧张的时候，不妨也试试做接地练习，让思绪回到当下。

4.2

平时能做对但考试做不对？
那是因为少了这项训练

? 考试发挥失常，真的只是粗心吗？

1. 限时训练，提高做题的熟练度

我听很多学生说过这样的话："这题我本来会的，我平常都做对了，是因为这次考试发挥失常了，才没拿到分。"

真的是发挥失常吗？很多时候根本不是发挥失常，而是不够熟练。有很多孩子在平常做题的时候，不会模拟考试的场景进行限时练习，而是按自己的节奏做，于是一到考试就拿不到分。

比如，一道数学大题，正常考试的时候只有10分钟的答题时间，孩子平常做题的时候不计时，花了20分钟把题做出来，但这时孩子的"会做"，是指在 20 分钟的时限下"会做"，换到只有 10 分钟答题时间的考场，就不会做了。本质上说，孩子对这道题还是没有熟练到达到考试要求的标准。你想，孩子从来不会发挥失常写错自己的名字或者算错 1+1=2 吧？因为这些他已经足够熟练。

既然是能做出来的题，说明孩子已经掌握这个知识点，只是解题还不够熟练，所以只要在平常做题的过程中加上限时要求，孩子就能从不熟练到熟练，在考试时把该拿的分拿下。可以按如下三步做限时训练。

第一步，创建训练题库。

明确需要进行限时训练的知识点和题型，并且从各类辅导资料或网上题库中找出 30 道左右相同考点的题目，同时一定要限定一个明确的训练时间段，比如在一个月内或三周内，要把某个知识的某类题做完，以免战线拉得太长，影响效果。

举个例子，某个学生考试后通过分析错题发现，下方所示的这道数学题是因为他没有做限时训练而做错了，这时需要做的是判断这道题考查的知识点是什么，然后收集考查相同知识点的同类题，加入限时训练的题库。

下列说法正确的是（　　）。

A. 三棱柱有六条棱　　　　B. 圆锥的侧面展开图是三角形

C. 两点之间，线段最短　　D. 各边相等的多边形是正多边形

这道题考查的是"几何体中的点、棱、面",是一道选择题,根据考查的知识点和题型,以下类似的题都可以作为训练题。

■ 下图是一个三棱柱,下列选项中,图形不是这个三棱柱的表面展开图的是（　　）。

A.　　　　　B.　　　　　C.　　　　　D.

■ 正方体切去一个块,可得到如下图所示的几何体,这个几何体有（　　）条棱。

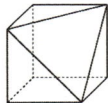

A. 10　　　　　B.11　　　　　C.12　　　　　D.13

■ 一个棱柱有 24 条棱,则这个棱柱共有_____个面。

■ 一个棱柱有 12 个面,侧面为相同的正方形,所有的棱长之和为 60cm,那么它的一条侧棱长为_____cm。

！尽量找同类型的题。比如,错的是选择题,那就找同知识点的选择题;填空题也可以,因为填空题的作答时间与选择题相近。不要把考查同类知识点的大题作为训练题,因为作答时间差异较大。

当进行限时训练时,孩子需要用到大量的学科辅导资料,我们要建立这样的理念：学科辅导资料买来不是为了全部做完的，资料只是辅助工具，应在孩子需要的时候选取需要的部分使用。

第二步，设定限时训练的时长。

创建好训练题库后，可以先用两道题测试一下当前完成这类题需要多长的时间，然后制定出限时训练的时长目标。

比如，孩子当前做完一道题所用的时间是 8 分钟，接下来就可以按照 6 分钟做完一题进行训练。也可以用考试中此题的答题时间为训练标准，比如考试中这类题的作答时间只有 5 分钟，那就按 5 分钟的时长来训练。

> **!** 大题可以单独进行限时训练，但选择题和填空题最好多道题"打包"训练。因为在考试中，常常是 10~15 道选择题或填空题一起考，而不是单独只有一道选择题或填空题。我们要让孩子在限时训练时充分模拟考试时的状态，这样才能保证平常训练的水平成为考试发挥的水平。

第三步，记录答题准确率，直到达成训练目标。

设定好训练时长后，接下来要做的就是坚持训练并记录每次的答题准确率。如果在限定时间内做题的准确率达到 100%，说明当前的限时训练达标了。

那么限时训练最终的训练时长目标定在多少合适呢？是跟考试

要求的作答时间一致吗？这其实是因人而异的。

正常来说，可以将考试答题时长的 80%~90% 定为最终限时训练时长，也就是考试中 10 分钟要做完的题，平常限时训练要做到 8 分钟、9 分钟就能做出来，并且准确率 100%。我接触的学生中，也有一些基础较好、有更高训练目标的同学，会把考试答题时长的 70% 甚至 60% 作为训练目标。

我建议根据孩子的实际情况循序渐进即可，不用追求过高的训练强度，因为我们的目标是孩子在考试中不再因为缺少限时训练而丢分。

2. 两个专注力训练方法，提高限时训练的效果

我遇到过一些孩子，因为平常做题从不计时，所以拖拉惯了，于是限时训练时总是难以集中注意力，所以在孩子进行限时训练的过程中，还可以配合做一些专注力的训练，这样可以让孩子在做题时更专注。

比如，用舒尔特方格进行专注力训练。舒尔特方格就是一个 5×5 的正方形方格表，每个小方格中打乱顺序地排列着数字 1~25。孩子在练习的时候，需要从方格中按顺序找到数字 1~25，计算每次找完的时间，每天训练 10~15 分钟。

25	6	16	24	7
1	11	8	15	23
22	18	2	4	17
9	12	19	21	10
20	3	14	5	13

但实际练习的时候，不一定用 5×5 的方格表，可以从 3×3 或 4×4 的方格表开始练习，循序渐进。具体多长的时间完成算较好，可以参考以下表格中的时长。较短的完成时长大约是平均每个小方格耗时 1 秒甚至更少，比如 3×3 的方格一共有 9 个数字，整体耗时 9 秒左右或更少。刚开始训练时，平均每个小方格耗时 2 秒左右都是正常的，尤其对于小学五年级以下的孩子，整体做到平均每个方格耗时 1.5~2 秒都是正常且合格的。

表格种类	较短的完成时长	合格的完成时长
3×3	9 秒左右	15 秒左右
4×4	16 秒左右	32 秒左右
5×5	25 秒左右	50 秒左右

对于中学生来说，如果学习时间紧张，可以不用舒尔特方格进行专注力训练，而是用冥想的方式训练专注力，同时在冥想的过程中孩子的大脑也能得到休息，比较适合作业量大、时间紧张

的中学生。

冥想的具体操作方法：每次闭着眼睛呼吸，把注意力放在自己身体某个部分的感受上，比如呼吸时鼻腔的气流或呼吸时上下隆起的腹部。孩子在这个过程中很可能会走神儿，这是很正常的情况，当发现自己走神儿，把注意力拉回来，继续关注自己呼吸时穿过鼻腔的气流或上下隆起的腹部，就这么循环往复，持续练习5分钟左右即可。

我们面对工作的压力、孩子的教育，也常常会有焦虑的时候，冥想同样能帮助我们缓解焦虑等负面情绪，所以你不妨尝试冥想，有了亲身体会后，也能跟孩子分享心得。

以上就是限时训练的方法及技巧，希望这个方法能帮助你的孩子更好地将知识的应用变为"肌肉记忆"，远离"发挥失常"。

4.3

遇到难题就卡壳？
四步让孩子应对难题得心应手

? 遇到难题应该直接跳过吗？

1. 应对难题的错误方式

有很多孩子并不知道，遇到难题的时候，是有一套应对的思路和步骤的，于是很容易一遇到难题就上网搜索，自己不做深入思考。这样下去，孩子不仅会对搜索产生依赖，还会影响考试的状态。因为平常一有不会的题就能搜索到答案，而考试时是不能搜索的，于是考试时遇到不会的题，孩子就很容易紧张，影响整场考试的状态。

还有的孩子，一边学习一边搜索题目答案，时不时被手机或平板电脑上的其他应用吸引，养成了不好的学习习惯，学习效率很受影响。

当然，并不是说借助网络搜索来解题是完全错误的，但不能只是搜题、抄答案。父母要帮助孩子掌握解决难题的完整思路和步骤，培养孩子解决难题的能力。

面对难题具体应该怎么做呢？一共有四个步骤。

2. 应对难题的四个步骤

第一步：根据条件及求解目标进行回忆，尝试把"新"变"旧"。

遇到难题，孩子最容易有的反应就是"完了，这道题我没做过"。有的考题孩子没做过，这其实很正常，考题跟平常做的题一模一样的可能性很小。但是不管题型怎么变换，知识都是那些知识，是不会超纲的，父母可以告诉孩子，知识只是换了件"新衣服"，应对难题的第一步就是把"新"变"旧"。

父母可以引导孩子先标记题目的条件和求解目标，然后回忆上课的时候老师有没有讲解过类似的题，或者做过的习题里有没有类似的题。

比如，条件类似，但是求解目标不同；或者求解目标类似，但条件不同。如果做过类似的题，当时是怎么做的？能根据类似的条件得出什么结果？如果不确定，也可以查看课本或习题。这样思考后，很可能就想出一些线索，让这道"新"题和做过的"旧"题联系起来，得出解题思路。

举个例子，下面是一道初二的物理题。我们可以先让孩子标记出题目中的条件和求解目标。

> 题：目前，世界上坦克的质量通常为 30t~60t，履带的着地面积在 4m² 以上。试求质量为 40t、履带着地面积为 5m² 的坦克对地面的压强。P（取 g=10N/kg）

图中黑色粗线标记的是条件，绿色粗线标记的是求解目标。标记的时候把对应的物理符号也写出来，这样更方便联想相关的公式或定理。

标记完条件和求解目标，这时可以回忆或查看课本、习题，看看有没有同样条件或同样求解目标的题。

比如，通过查找发现课本中某例题的求解目标和部分条件跟这道考题是一样的：根据 S（相同的条件）和 F（不同的条件），求压强 P（相同的求解目标）。

这时只要根据目前的条件 M 求出 F，再用公式 $P=F/S$ 就可得出答案。M 与 F 的关系是什么呢？根据条件 g=10N/kg 就能得出，1kg=10N，那么 40t=40 × 1000kg=40000kg，即 400000N，所以压强 $P=400000N/5m²=80000Pa$。

第二步：把能想到的公式、定理及求到的结果都列出来，继续联想。

　　如果第一步没能找到类似的"旧"题，这时可以进入应对难题的第二步——把已知条件和学习过的定理结合起来，看看能直接得出哪些结果，写下来。还是上面的例子，如果没能找到"旧"题，这时可以在标记好条件，求解目标的基础上，写出联想到的公式。

　　孩子面对题目时没思路，很多时候动动手把学过的相关的公式或定理写出来，就能更好地想到解题的思路，这时相当于从视觉、动觉多个角度刺激大脑，更容易让大脑"开窍"。

　　第三步：限定做题时间，再没有思路就搜索答案。

　　如果经过前两个步骤，孩子仍然联想不到任何解题思路，就可以告诉孩子，再给自己限定一个时间，比如最多再思考 5 分钟，5 分钟后还是想不出来，就不要再继续想了，说明这道题真的就是做不出来。这时可以搜题看答案了。

　　但是看答案也是有技巧的。如果只是看一下解题过程，觉得能看懂这道题就可以了，这样是不能把做这道题的价值发挥到最大的，很可能下次遇到类似的题还是做不出来。

　　不会做的题，本质和错题相似，都是薄弱点。所以在查看答案的过程中一定要做总结与归纳，找到问题所在，并制订计划去解决。

　　看答案的时候，孩子至少要思考下面这几个问题并尝试回答。

①这道题考查的是什么？

②当时我卡在哪里？

③我为什么会卡住？是知识点没理解，不够熟练，还是解题技巧不熟悉？接下来要怎么针对性地解决？

④正确答案是怎么解的？有哪些关键的步骤？用了什么解题技巧？

⑤这道题考查的知识所涉及的相关知识，我能不能顺便回忆出来？（进一步训练知识的关联运用能力）

我们还是用上面的例子，示范一下这个思考的过程。

①这道题考查的是什么？

考查的是压强的公式 $P= F/S$。

②当时我卡在哪里？

我卡在不知道怎么换算质量 M 和压力 F。

③我为什么会卡住？是知识点没理解，不够熟练，还是解题技巧不熟悉？接下来要怎么针对性地解决？

没有理解条件 $g=10N/kg$。接下来再做一些类似的题，巩固一下换算的熟练度。

④正确答案是怎么解的？有哪些关键的步骤？

公式 $P=F/S$，把 M 换算成 F，把单位吨（t）换算成单位千克（kg）。

⑤这道题考查的知识所涉及的相关知识，我能不能顺便回忆出

来？（进一步训练知识的关联运用能力）

根据公式 $P=F/S$，当受力面积越大时，压强就越大。

这样归纳总结一道题的思考过程，同样适用于文科的学习，比如语文的现代文阅读，或者政治、历史的大题，同样可以总结分析题型是什么、对应的题型答题技巧是什么等。

如果孩子只是看一下答案，以是否理解为标准来决定这个动作有没有完成，那么学习效率是很低的，下次题型再变一变，很可能还是做不出来。

第四步：**记录疑惑点，听老师讲解。**

做完总结归纳还不算结束，应对难题的最后一步，是把前面几个过程中遇到的疑惑点记录下来，然后找老师讲解，把疑惑彻底解决。

以上就是应对难题的四个步骤，父母之所以也需要掌握这些具体的方法，是因为只有父母清楚了这中间的关键，才能帮助孩子掌握应对难题的正确方法。否则当我们看到孩子学习效率低时，只能给孩子提供"多归纳、多总结"这种笼统的建议，孩子还是不知道到底要怎么一步步操作。

没有正确的方法，孩子就容易被难题吓跑，容易怀疑自己。

正确的方法让努力变得有效，而有效的努力会让孩子变得越来越聪明。

父母可以这样做

可以建议孩子将应对难题的步骤、查看答案时思考的问题打印出来，贴在书桌旁作为提示，或者誊抄到重要的笔记本中以便随时查阅。

4.4

因抄错答案而丢分？
两招根治孩子粗心

？ 为什么孩子很难检查出错误？

1. 孩子粗心的两种原因

我遇到过一个孩子，有次考完试也非常兴奋地跟我说："老师，这次考试我感觉很好，稳了！说不定能拿个班级前三！"结果试卷发下来的时候，他气得跺脚，因为他发现自己好几道题都把答案抄错了。

你的孩子也有过这样粗心的情况吗？你有没有疑惑过：为什么别的孩子心细如发，我的孩子却总是犯这种低级错误呢？

像这种抄错答案的粗心，通常是两种原因导致的。一种是因为孩子的草稿纸不分区，太乱了，导致抄答案的时候抄错，这种情况多发生在理科科目中。另一种常见的原因是孩子不够专注，注意力没有足够集中，于是在抄答案那个短暂的瞬间出现疏漏。针对这两种不同的原因，接下来分别介绍对应的解决方法。

2. 两招根治孩子粗心

第一招儿：草稿纸分区。

在平常学习的时候，就要引导孩子养成草稿纸分区的习惯，我个人比较推荐通过对折把草稿纸折成不同的小方格，比如 4 格、6 格、8 格，比起用尺子去画线条分区要更加节省时间。

打草稿的时候，可以根据题目的计算量来决定用多少个小格打草稿，像简单一些的选择题、填空题，通常将 A4 稿纸折成 8 格，每道题 1 格就够用；如果计算量大一些的题，可以占用 2 格甚至 3 格。

对于初、高中生而言，有时候会遇到一些步骤多、计算量大的大题，这时候在草稿纸分区的基础上，建议继续将做题思路和计算过程再进行分区，如下图所示。

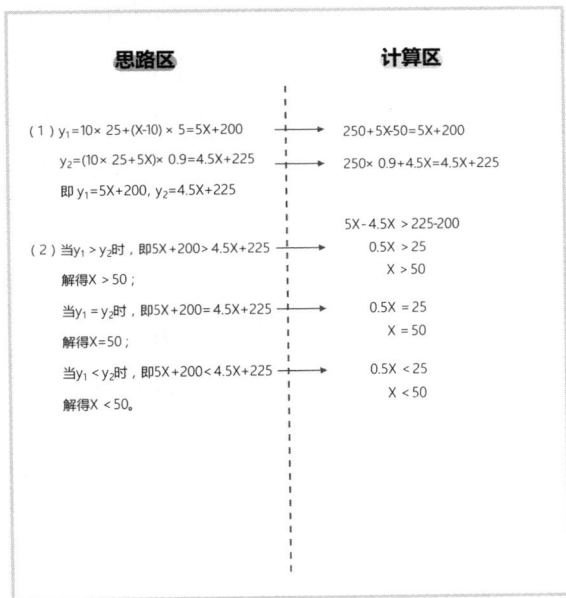

思路区　　　　　　　　　　　**计算区**

（1）$y_1 = 10 \times 25 + (X-10) \times 5 = 5X + 200$　　→　$250 + 5X \cdot 50 = 5X + 200$

　　$y_2 = (10 \times 25 + 5X) \times 0.9 = 4.5X + 225$　　→　$250 \times 0.9 + 4.5X = 4.5X + 225$

　　即 $y_1 = 5X + 200$，$y_2 = 4.5X + 225$

　　　　　　　　　　　　　　　　　　　　　$5X - 4.5X > 225 - 200$

（2）当 $y_1 > y_2$ 时，即 $5X + 200 > 4.5X + 225$ →　$0.5X > 25$

　　解得 $X > 50$；　　　　　　　　　　　　　　$X > 50$

　　当 $y_1 = y_2$ 时，即 $5X + 200 = 4.5X + 225$ →　$0.5X = 25$

　　解得 $X = 50$；　　　　　　　　　　　　　　$X = 50$

　　当 $y_1 < y_2$ 时，即 $5X + 200 < 4.5X + 225$ →　$0.5X < 25$

　　解得 $X < 50$。　　　　　　　　　　　　　　$X < 50$

你能看到，图中将解题的关键思路和计算过程再次进行了分区，对于步骤多、计算量大的题目，如果将解题的重要步骤和计算过程合并在一起，在检查的时候会非常不方便，孩子常常要找半天。但进行这样的分区后，检查起来一目了然，时间充足的情况下，孩子可以先重新检查解题思路和步骤，再检查每个步骤中的计算；时间不充足的情况下，孩子每做一步就多检查一次，能有效地提高做题的准确率。

第二招儿：提升专注力。

针对因为专注力不足而抄错答案的情况，解决的方法是进行专注力的训练，可以用 4.2 节中提到的专注力训练方法"舒尔特方格训练""冥想"进行训练。我之前接触的一个孩子，他一开始也是粗心，不仅抄错答案，还会看错条件、看漏条件，但是他很有耐心，也很能坚持，他从初一就坚持每天冥想，粗心的情况越来越少，中考时没有因粗心而出错。

另一种方法是调动多个感官来加强做题时的专注力，减少粗心。我们的大脑有一个神奇的功能，会自动修正错误。

例如，当我们在阅读的时候，即使字的序顺不对也可能不会影阅响读。

你仔细看上边的这句话，你会发现有两个地方的字的顺序是不对的，但你仍然可能就这么顺利地读懂了。

这样一个神奇的阅读功能可以帮我们自动修正错误，从而不影响我们快速阅读，但也是因为这个功能，我们很容易关注整体而忽略细节，于是漏掉细节，比如少抄一个字、少看一个字，检查不出来错误等；还可能看错信息，比如把"3"看成"8"。别说孩子，我们成年人也是一样的，我们都会粗心！

怎样可以减少这种粗心呢？很简单，就是调动多个感官。当孩子只是阅读的时候，很容易遗漏信息；但是当他一边看，一边调动触觉圈出一些关键的信息时，就不容易遗漏；如果还能一边小声地逐字默读，"看＋动＋读"结合在一起，这样就更加不容易出错了。

> **！** 默读时按顺序指着字一字一字地读更有效，否则依然很容易忽略关键信息。

适当放松大脑也可以减少粗心，所以可以让孩子在每次检查答案前稍微放松一下，比如看看窗外，闭上眼睛休息一分钟，或者进行 4.1 节里提到的接地练习，放松后再去检查，这时候就更容易检查出错误。

3. 给出答案很重要，培养孩子解决问题的能力更重要

父母给孩子建议时，尽量多引导，少直接给出答案，这样才能更好地培养孩子自主解决问题的能力。

举个例子，我之前接触的一个学生，眼看就要中考了，但他总在一些容易的题目上被扣分，比如把大于号写成小于号。他觉得很冤枉：自己明明思考的时候得出的答案是大于号，怎么莫名其妙写成了小于号？

对此我非常清楚，如果他在解题的时候调动多个感官，就能有效地减少这种错误。我完全可以直接告诉他：要把题目里的关键信

息圈出来，然后把解题过程稍微做个记号……但是我并没有直接告诉他答案，而是问他："你之前做过类似的题吗——这种难度差不多的、比大小的题？"

孩子："做过。"

我："你之前每次都会这样出错吗？"

孩子："我想想……好像不是，之前有不出错的时候。"

我："不出错的时候，情况跟这次有什么区别吗？"

孩子："那次我做了一个标记……哦，老师，我知道了，我当时对着标记写答案，就没写错。"

我："很棒！看来做标记有帮助对不对？你觉得下次再试试这个方法会有用吗？"

孩子："嗯，我觉得会有用！"

紧接着，我肯定了孩子，我告诉他，他其实用了一个非常好的方法；并且顺势告诉他，人的大脑为什么会容易出错，以及怎么用多感官的方式减少这种错误；最后鼓励他多用他用过的方法以减少类似的错误。

后来这个孩子中考很顺利，没有在中考时因为粗心而丢分。

为什么我一开始不直接给孩子建议，而是问了他一圈儿问题才给出建议呢？因为如果孩子觉得这个方法是自己找到的，那么他会更加愿意用这个方法，孩子在发现方法、使用方法的过程中，会获得更多的自主感和成就感，下次再遇到困难，他就会更加愿意主动去思考：我遇到过类似的情况吗？有没有什么方法是有用的？否则，孩子就很容易继续依赖我给他提供的解决问题的方法。

在孩子成长的过程中，给出答案很重要，但是培养孩子独立解决问题的能力更重要。

4. 层层提问，识别真假粗心

每次一说粗心，很多父母还会提到一种情况，就是孩子因为答题时间很仓促而粗心。我想说的是：这种情况下的粗心只是表面现象，父母需要通过层层提问去帮孩子找出根本原因。常常来说，根本的原因是学习技巧方面的问题，比如心态过于紧张、被难题卡住了、缺乏限时训练等。

举个例子，我是这样通过提问帮助学生分析原因的。

孩子："这道题我会做，而且做出来了，但是把答案抄错了，所以没得分。"

我："哦，为什么会抄错了答案呢？"

孩子："因为当时时间太紧张了。"

我："那为什么时间会太紧张呢？"

孩子："嗯……因为我前面卡在一道题上太长时间，导致做这道题的时候时间就不够用了。"

我："哦，那为什么会卡在前面那道题上呢？是走神儿了，还是觉得自己能答出来、不甘心、不想放弃？"

孩子："是觉得有点不甘心，因为我已经想出一点思路了，总觉得自己能做出来。"

我："好，那之前考试有类似情况吗，还是这次是第一次？"

孩子："之前也有类似情况。"

你看，通过层层提问会发现，孩子没拿到分不是因为粗心抄错答案，更深层的原因是卡在前面那道题上耽误了太长时间，其实是属于"应对难题"的问题，这时要解决的问题根本不是粗心，而是在考试的时候遇到难题怎么办。

其实在学习的过程中，没有那么多的粗心。父母要学会识别孩子的"假粗心"，用层层提问的方式找到根本的原因，这样才能引导孩子制定针对性的解决方案。

4.5

时间紧、任务重？考前冲刺有方法，让孩子快速掌握知识点

? 怎样练习能让孩子在短时间有很大的进步？

1. 高效的学习训练方法

著名作家丹尼尔·科伊尔的《一万小时天才理论》和马尔科姆·格拉德韦尔的《异类》都曾提到过一个风靡全球的理论，叫"一万小时定律"。这个定律指出，不管做什么事，只要坚持一万个小时，一定可以成为这个领域的专家。

那么问题来了：如果按 1 万个小时计算的话，我们从出生到现在，每天都在说话，假设每天要说话 2 小时，一年 365 天，30 岁时对说话的练习时长怎么都达到 10000 小时了，为什么我们还没变成

说话的专家？孩子从小学开始，假如平均每天学习 8 小时，小学毕业也应该成为"学习专家"了。但事实好像并不是这样。

这是因为，"一万小时定律"所说的练习，不能只是简单的重复，必须是刻意练习，你可以将其理解为"有目的地练习"。每天重复地说话不会让你成为一个说话的专家，但如果你每天都刻意练习如何做一场演讲，不断接收反馈并改进，毫无疑问，假以时日你一定会在这个领域变得很专业。

所以当时间紧、任务重时，想要快速掌握知识点，刻意练习是非常高效的学习方法。

2. 快速掌握知识点的刻意练习方法

刻意练习一共有 4 个重要的原则：明确的目标、挑战区的坚持训练、高质量且及时的反馈、寻找有效的经验。

原则一，明确的目标。

刻意练习的第一个原则是要有明确的练习目标，什么算是明确的呢？能衡量、有执行标准的才算是明确的，你可以记下这个 whw 公式：什么时间（when），用什么方式（how），做什么事情（what）。

举个例子，以下是两个练习目标的对比。

目标1：练习物理科目中的力学大题。

目标2：在接下来的7天里，每天上午9:00-10:30（when），做4道物理科目中的力学高考真题（what），每道题用时15分钟，核对答案并归纳用5分钟（how）。

目标2才算是明确的练习目标，因为在什么时间做是有执行标准的，做多少题是能衡量的，如何做也是有明确执行标准的。

如果无法衡量，没有执行标准，那也就没法评估到底做得怎么样，就不算是刻意练习。

原则二，挑战区的坚持训练。

刻意练习的第二个原则是要进行挑战区的坚持训练。什么是挑战区呢？心理学家诺尔·迪奇曾提过出学习的三区理论，即学习可以由内到外分成舒适区、挑战区、恐慌区。

舒适区的知识就是那些孩子已经完全掌握或一学就会的知识；挑战区的知识就是那些对孩子来说有一定难度，但"蹦一蹦够得着"

的知识；而恐慌区则是那些对孩子来说付出很多努力也很难掌握的知识，比如让一个小学一年级的孩子去学习初中数学的知识，初中数学知识对他来说就属于恐慌区的知识。

很明显，如果让孩子重复训练舒适区的知识，就有点重复训练1+1=2 的感觉，对于快速进步没有太大的帮助。而恐慌区的知识则太难，学习效率会很低。只有挑战区的知识难度适中，会让孩子更加快速地进步。

对应到孩子的学习上，操作要点是，==要选择适合难度的练习目标和方式==。比如，孩子制定数学的学习目标时，如果孩子的数学基础较差，在选择练习目标的时候，就尽量选那些难度简单或中等的知识点加以突破。比如，可选择本身理解难度低、经常在题目中单独考查的知识点，而不要去选那些理解难度高或者在题目中常常跟其他知识点关联考查的知识点。这个部分如果家长无法把握，可以咨询学科老师。家长没必要把自己变成学科辅导专家，要学会借力。

同时在进行刻意练习的时候，同一个知识点会有不同难度的题型。举个例子，小学数学中同样是统计部分"按标准分类"的知识点，简单的题是下面这样的选择题。

下列动物中，与其他几个不是同一类的是（　　　）。

A. 　　　B. 　　　C.

而难一些的题是这样的：

先算出下面的题，再分一分。

① 6-2=

④ 10-1=

⑥ 5+2+1=

⑧ 9-2-2=

② 5+4=

⑦ 3+2=

⑤ 3+4+2=

⑨ 9-4=

③ 10-1-1=

⑩ 9-1=

第一种分法：把（　）分成一类；把（　）分成一类，
　　　　　　把（　）分成一类。
第二种分法：把（　）分成一类；把（　）分成一类。

同样都是挑战区，但仍会有难易之分，从易到难循序渐进地练习，效果更好。以上就是刻意练习的第二个原则：挑战区的坚持训练，**保证孩子待在挑战区并坚持训练！**

原则三，高质量且及时的反馈。

目标明确了，练习的难度也是合适的，这时候想要更快地取得进步，还需要高质量且及时的反馈。就像我们练习说普通话，我们需要及时录下自己的发音，跟标准发音对比，看看自己接下来的发音要怎么调整，这就叫高质量的反馈。如果是跟普通话讲得不如自己的人的发音做对比，这对自己来说就是低质量的反馈。每练习一次，都能录下来对比调整，这就叫及时的反馈。

高质量且及时的反馈，会让每一次努力都变得更加有效，这就是反馈能快速促进进步的本质。

那么孩子学习的时候，如何获得高质量且及时的反馈呢？答案就在 4.3 节介绍的"应对难题的四个步骤"里。每做完一道题，就跟答案进行比对，就是及时的反馈。

原则四，寻找有效的经验。

刻意练习的第四个原则是寻找有效的经验。放在孩子的学习里，就是总结这个题目用了什么解题技巧，这也是 4.3 节"应对难题的四个步骤"中的一环。

举个例子，语文的阅读理解题中有一类题是让考生归纳段意，当孩子在看答案的时候，就需要去总结和归纳答案都是怎样做的。比如，孩子发现每次议论文的归纳段意题，答案结构都是"作者用了什么论证方法 + 论证了什么问题"，这就是"有效的经验"，是一个答题的技巧。

以上就是刻意练习的实践方法，我在高中时曾经用这个方法将物理从 78 分左右提升到 110 分左右（满分 120 分），很期待你跟我反馈孩子的实践情况。

第 5 章

目标设定与实践，
让孩子逆袭成学霸

5.1

孩子不愿谈学习？
四步化对抗为合作，助力孩子成长

? 孩子负面情绪多，父母应该怎么办？

1. 倾听四步骤，打开孩子的心门

经常有家长跟我说："您说的方法很好，但是孩子不愿意跟我谈学习，不配合我讨论解决方法。"你是不是也遇到过这种问题，也出现过类似以下的对话？

父母："这次考试你感觉怎么样呀？"

孩子：（低着头）"就那样呗，考试挺简单的，但我考砸了……"

父母："都说失败是成功之母，你觉得问题出在哪儿？我

们找找问题，把问题解决掉，怎么样？"

孩子：（叹气）"唉，感觉自己太差劲了，全是问题！"

父母："别想太多了，这次考试就让它过去，我们吸取经验，下次努力！"

孩子：（不耐烦）"过不去啊，如果是你，这么简单的考试考砸了，怎么能不想太多呢？"

父母："你想一想，下一次怎样能避免这种事呢？少玩、多努力，该做的题得做啊！"

孩子：（生气）"我不知道！我试过所有方法，都没用，我不想说了！"

为什么父母明明是在安慰孩子！孩子的情绪却越来越大，最后还拒绝沟通呢？

其实仔细想想不难理解。请想象一下，假如你错过一次升职加薪的机会或者错过一个合作项目，别人安慰你说："别太介意，失败是成功之母嘛。别想太多，这次就吸取经验，下次努力！"你能被安慰到吗？大多数人被这样安慰都会感觉这样的安慰轻飘飘，对方根本不理解自己有多难受。

当父母发现自己的安慰不起作用，还被孩子反问，也开始着急，于是给孩子提建议："你想一想，下一次怎样能避免这种事呢？少玩、多努力，该做的题得做啊！"这样的建议在孩子听起来更像在责备他："你要是平常多做题就不是这个样子了，都怪你。"

所以在对话中，孩子一直很抗拒，孩子觉得"你根本不理解我有多难受、多挫败"，甚至会觉得"跟你讲也没用"，最后用"我不知道！我试过所有方法，都没用"来表明自己的态度——不想再和父母一起分析原因解决问题。

那么怎样沟通才能安慰到孩子，让他愿意跟我们一起分析讨论、解决问题呢？当孩子被很好地倾听，感受到自己是被理解的时候，就会更愿意和父母一起解决问题。有效倾听分为四个步骤。

第一步， 放下评价。

跟孩子沟通的时候，父母应尽量把自己变成一种"不知道"的状态，不要着急去评价孩子说的内容。比如，孩子说他这次考试没考好，千万不要说"哦，是不是你又粗心了？""是不是你考前太松懈了？"，这些其实都是在评价孩子。

试想一下，如果你跟朋友说"我最近因为孩子的事很心烦"，朋友对你说"哦，你是不是没有掌握好的教育方法啊？"，这听起来是不是就像在说"你是因为没掌握好的教育方法才让自己心烦的"。被这样评价，你肯定不太想再继续跟他说心里话了，对吧？

所以，无论孩子说什么，先放下我们内心的评价，我们可以回复"是吗""这样啊""然后呢""还有吗"，用这些语气词鼓励孩子继续表达。孩子觉得你不会轻易责备他评价他，觉得跟你对话很安全，才会愿意敞开心扉继续说下去。

第二步，回应事实。

倾听的第二步是回应事实，就是针对孩子诉说的事情本身进行回应，方法就是把孩子说过的话换一种表达方式复述一遍。

比如，孩子说"考得不理想"，我们可以回应："哦，你觉得这次考试成绩没有达到你的预期，是吗？"你看，两句话意思是一样的，只是用自己的语言把孩子说的再表达一遍，没有增加其他的信息，也没有发表我们自己的想法。

再举个例子。

孩子："今天上体育课的时候，我同组的搭档没来，害我都没办法参与今天的运动比赛！"

父母："哦，今天上体育课有运动比赛，跟你一组的同学没来，结果你没能参加成，是吗？"

这样的回应，一方面能让我们更好地确定自己是否理解对了孩子的意思，另一方面，也会让孩子觉得我们是在认真听他讲，他就愿意敞开心扉继续说。

第三步，回应感受。

除了回应事实，我们还要回应孩子内心的感受和情绪。我们可以观察孩子的语气、表情、动作，并思考他遇到这样的事情内心的感受和情绪是什么，然后尝试跟孩子确认他的感受和情绪。

孩子说自己考得不理想，可以这样回应：

"你觉得付出了挺多但还是没得到想要的结果，有点失望，是吗？"

　　"你觉得明明努力了却没用，有些沮丧，是吗？"

　　当父母说出孩子内心的感受、情绪，孩子会觉得父母是理解他的，就会更加信任父母。

　　在倾听孩子描述细节的过程中，如果发现孩子做得好的地方，一定要适时地给予鼓励和肯定，比如跟孩子说：

　　"我发现你其实自己已经独自解决了一些麻烦的问题，真的很厉害！"

　　"你刚才给我讲你的烦恼时，我发现你其实很善于反思和总结！"

　　这些鼓励都会给孩子"充电"，让他看到自己的优势，增强孩子解决问题的信心。

　　第四步， 回应需求。

　　通过前三步，孩子能充分表达他想说的，而父母的积极回应也会让孩子感觉到，父母懂他、理解他，父母不会评价他、责备他，是值得信任的。这时候，父母就可以通过回应孩子的需求，开始跟孩子讨论解决方案。

　　比如，孩子考试不理想这件事，父母察觉到孩子的需求是找准学习中的问题并解决，就可以回应孩子："我感觉得到你很想提升，但被一些问题卡住了，我相信会有办法，我们一起分析一下，找找解决的办法，好吗？"

有时候，孩子需要的并不是具体的方法，可能只是需要父母的鼓励和倾听，获得应对问题的信心。如果你不确定孩子的真实需求，可以问孩子："我做点什么能帮到你呢？"这也是回应孩子需求的方式。

以上就是有效倾听的四个步骤，我们来看看，同样是考试不理想，当用这样的方式倾听孩子时，沟通会有怎样的变化呢？

父母："这次考试你感觉怎么样？"

孩子："不怎么样，考试很简单，但我居然考砸了。"

父母："你觉得这次考试不难，但没考出你理想的成绩，你有点沮丧，是吗？"（回应事实 + 回应感受）

孩子："对啊，我不知道是怎么了。我花了很多时间复习，我又不笨！"

父母："你的意思是，你在考试前花了很多时间复习，结果却没达到你的预期，是吗？"（回应事实）

孩子："可不是嘛！我觉得我练得不少，也可能是我太紧张了，有些平常做过的题我都做错了。"（开始主动反思）

父母："所以你认为神经太紧绷，反而影响了考试发挥，是吗？"（回应事实）

孩子："是啊，所以我想是不是得放轻松一些？"（继续

反思并尝试解决）

父母："嗯，我相信你的能力！你和我说说看，是哪些题平常能做对考试却没做对，我们来分析分析。"（表达信任、回应需求）

孩子："嗯，就是这几道题……"

你看，当父母放下评价，耐心倾听孩子的时候，一方面，孩子愿意跟父母聊下去；另一方面，==在这样的沟通氛围里，孩子反而会自己去思考考试不理想的原因，而不是对抗父母==，最后，也愿意跟父母一起讨论解决方案。

2. 沟通的五个层次

为什么这样的倾听会有效果呢？人与人的沟通可以分为五个层次，分别是打招呼、讲事实、讲看法、讲感受、讲需求。越内层的沟通越深入。

讲需求　讲感受　讲看法　讲事实　打招呼

从"讲看法"这一层起，沟通才算真正开始。你想想，你会对一个不信任的人轻易表达你对某件事情的看法吗？肯定不会，因为对方很可能会评价你。你又会对谁表达自己内心的感受和情绪呢？一定是你信任的、让你有安全感的人。

你有没有发现，倾听的四个步骤本质上就是在一层一层加深沟通的深度，增强信任。第一步的"放下评价"，就是无论孩子表达什么，父母都不轻易评价，让孩子感觉到安全。回应事实和回应感受，则让孩子感觉到父母愿意倾听，父母理解他，是值得信任的。回应孩子的需求，让孩子感受到，父母接纳他，愿意跟他一起想办法解决问题。

做好了这样的倾听，当然就能跟孩子建立坚固的成长联盟，孩子就愿意吐露内心真实的需求，向父母求助，最终父母也能把好的经验、好的方法顺利传达给孩子，帮助孩子更快进步！

倾听的四个步骤不仅能改善亲子关系，解决孩子不愿意沟通或不配合解决问题的情况，还能帮助孩子疏解负面情绪。当一个人感觉到被理解，自己的情绪被看见，他的情绪就会稳定很多！

孩子在学习的过程中常常会遇到问题，于是产生负面情绪，比如有的孩子做作业很烦躁、很拖拉，所有事都做了一圈儿，就是不学习。还有的孩子很会找借口，比如他会探讨学习的意义，表达一些觉得学习好像没有那么重要的观点。甚至有的孩子，面对父母的督促，会发脾气。这些行为都容易让父母觉得孩子学习态度不够端正。但其实，孩子正是因为遇到了困难才有情绪，这时候孩子这些"不好"的行为都是在发送信号——我遇到困难了，我很担心我能不能做好，我也不知道我能不能做好，我不知道怎样能做好。这时候孩子最需要的是父母的理解与支持。

所以每次当我面对孩子的负面情绪，我都告诉他："我理解你，你现在有些担心，有些不确定，也有些累，大家都会遇到类似的问题，不是你的问题，是这件事本身就很难。但是看到你在这么难的情况下还在坚持，我真的很欣慰，你是个有韧劲的孩子，我相信你的努力不会白费。只要有什么是能帮到你的，我都会支持。"

这样的回应，其实就倾听到了孩子的心声，说出了孩子内心的感受和情绪，会让孩子的负面情绪消解很多。

当孩子遇到问题时，困扰他的除了问题本身，还有没能解决问题所带来的迷茫、自我怀疑等负面情绪，这些负面情绪不解除，就算给了孩子方法，孩子也无法前进；而倾听就能很好地消除负面情绪的影响，让孩子"轻装上阵"。

现在你的脑海中肯定浮现出很多与孩子对话的场景，你也在跃跃欲试，想要实践倾听的四个步骤。我想提醒你：形成新的沟通习惯需要时间，父母需要时间练习，孩子也需要时间适应。有的父母实践一次就有效果，也有的父母需要多坚持一些时间，甚至有的父母会发现一开始实践的时候孩子很抵触；但只要一步一步来，把倾听的四个步骤一次一次实践，坚持下去，就一定能看到孩子的转变！
期待你的反馈！

父母可以这样做

1. 倾听可以很好地拉近我们与孩子内心的距离，尝试花 5~15 分钟的时间倾听孩子，多听孩子说，不评价孩子，不给孩子任何建议。父母可以和孩子聊与学习相关的话题，但聊与学习无关的话题会更好，观察当孩子被倾听后有什么变化。

2. 可以把倾听的技巧应用到与自己的爱人、朋友、同事的沟通中，观察一下对方会有什么变化。

5.2

孩子没目标？
激发孩子定目标的两个方法

? 什么样的目标能让孩子最有动力并快速取得进步？

　　大量的研究表明，那些设定目标的人的表现要优于那些没有设定目标的人。比如美国心理学家埃德温·洛克和加里·韦尼斯在"目标设定理论实验"中，让学生阅读文字，一组学生会带着特定的目标去阅读，而另一组学生没有目标，直接阅读相同的文字内容。结果发现，设定目标的那组学生阅读更加专注，并且对内容记得更牢。

　　我国的学者杨博民也做过类似的实验。研究人员选取了一些射击水平都差不多的学生并将其分成两组，一组学生会在心里设定射击目标然后进行射击，而另一组学生则不设目标，自然发挥。结果设定了目标的学生射击成绩是 2.82 分，没有设定目标的学生射击成绩仅 1.31 分。

学习有没有目标，会直接影响到孩子的学习表现，但是常常让父母头疼的是孩子没有目标。为什么孩子没有目标呢？有如下两种常见的原因。

- 孩子不会制定难度合适的目标，导致一想到定目标就担心自己完不成；或孩子曾经制定过不合理的目标且失败过，不想再经历挫败，于是不愿定目标。
- 孩子不能较好地认识自己的优势和不足，没有方向，不知道要制定什么目标。

针对这两种常见的原因，我为你提供两个实用的应对方法，帮助你激发孩子制定目标。

1. 制定微目标，帮孩子小步快跑式进步

心理学家在实验中发现，近期目标比远期目标更能激励人的行动！比如，心理学家克拉克·赫尔在实验中就发现，饥饿的小老鼠在迷宫中奔跑的时候，在接近放着奶酪的终点时，速度会明显加快。

所以，父母要引导孩子设定一个他立马就能行动的微小的目标，而不是只制定那些长远的大目标——这学期提升多少分，未来考上

什么中学、什么大学。

目标足够小，孩子就会更有信心和动力行动，并且能更快收获成就感，也会越来越愿意制定目标挑战自己。

父母可以分两步引导孩子制定微目标。

第一步，制定一个小到不可思议的微目标。

比如，孩子想提升语文成绩，那么微目标就可以是每天多练一个字或者每天多背一句古诗。孩子想提升英语成绩，每天就多记一个单词或早读多读 1 分钟。孩子想提升数学成绩，每天就多做一道数学题……

总之，在原来的基础上增加一点点难度，这就是微目标。

千万不要觉得："这个目标也太小了，多做这么一点有什么用呢？"正是因为目标很小，所以孩子非常容易就行动起来，这个过程就像是给孩子铺台阶，台阶矮一点，才不至于让孩子一开始就迈不开腿；但只要孩子不停地爬台阶，再高的终点就都能到达！

乔丹·罗麦罗是一个在 13 岁就登上珠穆朗玛峰的少年。有一次他要挑战攀登一座将近 6000 米的高峰，为了更好地达成目标，他也给自己制定了第一个微目标。你知道吗？他的微目标不是爬一座 1000 米的山或是一座 200 米的山，而是把自己的登山装备穿上，然后在自己家附近的平地徒步一次。我们都知道铁杵磨成针的道理，只要孩子行动起来并坚持下去，再大的目标就都可能达成！

设定微目标有没有明确的标准呢？

答案是：每个孩子情况不同，所以没有统一的标准。我的经验是问问孩子：你一想到这个目标，会觉得很有阻力、想等一等再说吗？如果孩子觉得会，就要重新审视这个微目标；但如果孩子觉得这太简单了，马上就能开始，这个微目标就是合格的。

简单的一小步而已啊！加油！

小目标就是小台阶。

第二步，不要因为孩子做到了，就轻易调整微目标。

当设定好微目标后，如果孩子能较好地完成，这时要注意，不要轻易调整微目标！

一位父亲向我咨询，他的孩子上初二，之前没有背英语单词的习惯，于是孩子制定的微目标是每天背 3 个英语单词。尝试了 3 天后，孩子觉得每天背 3 个太简单了，每次都能达成目标，就想把目标改成每天背 10 个，因为他发现他状态好的时候可以背十多个单词，所以他认为一天背 10 个也不是一个过大的目标。

我给出的建议是：千万不要调高目标。孩子之所以能顺利达成目标，就是因为这个目标足够小，所以他每次一想起要做的事情，内心完全不会抵触，心里觉得这也太简单了，马上就能开始，不会有任何拖延，于是也就能很快地感受到背完的成就感，这种成就感常常会促使他再多背一点，而且继续背单词的动力也会更强。

但是一旦目标被调高，他就很有可能会拖延、抵触，因为这么短的时间里，其实他还没有把背单词这个事养成一个自然而然的习惯。更麻烦的是，调高目标后一旦目标没有完成，他会内疚、自责。他再背单词时，就不是因为发自内心的动力而背，可能是因为愧疚感才背。孩子达成目标的动力就从内驱力变成了外驱力！

这也是为什么我们在督促孩子达成目标的过程中，有时候明明一开始孩子也认可目标，但到了过程中间孩子却开始抵触，甚至会和父母说："我不想做这件事，都是你逼我做的。"目标定得太大，让孩子很有压力，这份压力反而减弱了孩子达成目标的内驱力，最后常常变成孩子因为父母的督促而做。

所以，不要轻易地调高微目标！当孩子已经完全习惯这种节奏，已经养成一个习惯了，再尝试着把目标调高一点点。当调高目标后，如果孩子出现抵触的情绪，父母要分析是不是目标定得过高了，如有必要，要调整到原来的目标。

我自己用微目标的方法养成了每天读书的习惯。一开始，我只会偶尔读书，比如某个周末的下午读几个小时。一年算下来，我自己觉得阅读量很不够，于是我给自己定了一个微目标，是什么呢？

每天睡前点开一次读书 App。你没有看错，我开始的微目标里都没有看书的环节，就只是每天睡前点开一次读书 App 而已，因为平常工作完已经很疲惫，我需要从最简单的、马上就能完成的目标开始。

大概过了 2 周，每次睡觉前点开读书 App 对我来说已经非常自然，而且心情好的时候，我其实还会打开某本书看一两页，但即使是这样，我的微目标也一直没有改变。前两周，只要做到睡前点开一次读书 App 就算达成目标。

随后，我尝试着制定了下一个微目标——每天睡觉前打开读书 App 并且看一页书。手机的读书 App 上一页书也就 200 多个字，一分钟不到就能看完，甚至有时候一页就是书的封面，真的很简单。

所以每次即使再累，一想到这个目标，我都不会抵触，直接就能行动。同样的，有时候因为精力较好，或者书里的内容比较有吸引力，我都会超额完成目标，看 3 页、10 页、20 页甚至更多。

你看，这就是微目标的魔力！虽然目标很小，但它总是一点一滴地给我带来自主感和成就感，让我很可能超额完成。有时候哪怕没有超额完成，但一想到我的目标本来就只是看完一页而已，所以我心里也不会有负罪感，不会否定自己。就这样一直到现在，我每天至少会阅读 1 小时，而这一切，就是从"每天晚上睡觉前点开一次读书 App"这个看似不相关的微目标开始的。

赶紧试试微目标吧，我相信它能帮助你的孩子小步快跑、取得进步！

最后我想提醒的是，一次最好只设定一个目标，就像我在 2.1 节强调的，一段时间只培养一个习惯。

2. 用高频反馈，帮孩子树立目标

很多孩子之所以没有目标，是因为缺少反馈，不知道自己到底有哪些优势和不足，所以没有方向，定不出目标。就像一个人射箭，每次拉弓射出箭，却不知道箭落在哪里，于是下一次拉弓的时候，就根本不知道应该往哪个方向调整，无法定出目标。

反馈不仅能帮助孩子认清自己的优势和不足从而树立目标，还会对孩子的学习表现产生实实在在的影响。

美国心理学家罗斯和亨利曾设计过一个持续 16 周的实验来研究反馈对学习成绩的影响。他们将一个班级的学生随机分成三组，每组学生学习的内容是相同的，但是他们会接受不同的反馈。

组别	实验前 8 周	实验后 8 周	成绩情况
第一组	每天反馈	无反馈	前 8 周成绩最好，后 8 周成绩下降
第二组	每周反馈	每周反馈	成绩始终处于中等水平并稳步提升
第三组	无反馈	每天反馈	前 8 周成绩最差，后 8 周迅速提高

从实验结果可以明显看出，及时有效的反馈对一个人学习新知识、取得好成绩有显著的帮助。

那么父母如何给孩子提供反馈，帮助孩子树立目标，提升学习成绩呢？

我总结出以下反馈的公式：表扬 + 描述需要改进的事实 + 描述个人感受 + 确认原因 / 探寻方法 / 给出建议。

比如，孩子考完数学，科学的反馈应该是下面这样的。

"这次你的计算准确度比原来进步很多，10 次计算你能做对 7 次，原来只能做对 4 次左右，这么短的时间里你进步这么大，我真的很为你开心，你真的很会解决问题！（表扬）我仔细看了一下，有几道题你平常是做过的，但这次没拿到分，也影响了你整体的成绩（描述需要改进的事实），我觉得有点可惜啊（描述个人感受），是做题的时候时间不够吗？（确认原因）/有什么方法可以把这些分拿到呢？（探寻方法）"

这样跟孩子沟通时，孩子能清晰地知道自己哪里做得好、哪里做得不足。

也会有父母觉得：我也经常提醒孩子他哪里进步了、哪里退步了，为什么没效果呢？

很多时候，我们以为我们给孩子反馈了，但其实我们给的可能根本不是反馈，而只是评价，比如跟孩子说："这次考试数学成绩没有上次好，我发现你退步了。"

这不是反馈！"退步"没有涉及任何具体的事实细节，而是我们看到成绩后的笼统评价。

想象一下：你辛苦工作了 3 个月，然后单位在这个过程中没有任何反馈，只是在工作考评时给你评了一个优、良或差，你能从这样的反馈中知道接下来要在哪些细节上加倍努力吗？你会有清晰的前进目标吗？

所以，一定要反馈到过程，反馈到细节，尤其要多做一些正向反馈，也就是表扬。

我发现很多时候，我们给孩子的负面反馈要比正向反馈多。比如，满分是 100 分的考试孩子考了 60 分，我们可能花了大量的时间和孩子分析讨论那 40 分是怎么丢的，而很少去分析他都做了什么努力、用了什么好的方法得到了那 60 分。

如果能反着来，用更多的时间去反馈孩子做得好的地方，再来讨论那些做得不好的地方，沟通效果会更好，因为孩子会带着更强的前进动力去思考自己要如何提升。

在给很多家长做咨询的过程中，我会提醒家长高频地给孩子反馈。孩子每一个做得好的点，父母都应引导孩子分析自己的优势，提炼好用的方法，增强孩子的学习动力，这样孩子就能更快地进步。

彩蛋 8

你想知道我是如何用"成就事件分析法"引导孩子分析自己的优势、"迁移"自信心的吗？

在公众号"谢麟学习力提升"回复"优势"即可获得。

5.3

定了目标却做不到?
明确目标五要素，目标完成率翻倍

? 能用物质奖励激励孩子制定目标吗?

　　你也许遇到过这样的情况:跟孩子商量好了他接下来的目标,他明明答应得好好的,最终却没做到。这时候你会觉得,孩子说话不算话,孩子执行力太差了。但其实我在多年的工作中发现,很多时候,是一开始目标就制定得不合格,只要用正确的方法制定目标,孩子达成目标的成功率就会翻倍。

　　具体怎么来做呢? 我们可以围绕标准、场景、预案、激励、配合这五个要素,来帮助孩子制定一个有标准、有行动指导性的"合格的"目标。

1. 标准，将目标变得更明确

标准是目标非常重要的要素，就像射箭时的箭靶子。以下这些描述你觉得是目标吗？

- 对数学科目，我想要考进班级前十。
- 对钢琴，我要考过八级。
- 我要调整学习状态，上课尽量不睡觉。
- 我要更努力学英语。

这些其实都不是目标，这跟我们成年人说"我今年要挣100万""我要坚持锻炼""我要少吃油炸食品"是一样的，都只是"美好的愿望"，因为这些表述中都没有明确的标准。

比如，"对数学科目，我想要考进班级前十"，这个标准是模糊的：什么时候考进班级前十？具体用什么方式考进班级前十？"我要调整学习状态，上课尽量不睡觉"，具体怎样做算是调整了？上课睡觉几次算是"尽量不睡觉"？

目标一定要有明确的、可衡量的标准，可以适当通过数字，来把目标变得更明确。

比如"我要更努力学英语"，怎样算是做到了"更努力"？是原来早上从来不读英语，以后要开始读10分钟英语；还是说以前每天记 2 个单词，以后开始每天记 4 个单词？

想象一下，如果书桌上贴着孩子写的目标："我要更努力学英语"。看到这句话，他最多就是心里多念一遍口号，接下来要干什么他根本不知道。但如果说他书桌上贴着的是"每天背 4 个英语单词"，看到这个目标的那一刻，他马上就可以决定接下来是不是要开始背，这时目标就开始变得有指导价值了。

2. 场景，让目标更有行动指导性

第二个要素叫场景，就是指孩子在什么样的场景下去进行这个目标，包含时间、地点。目标设定得越具体，就越容易让人投入其中，更顺利地完成它。

还是拿上面的案例来说明，"每天背 4 个英语单词"，把这个目标再加上时间、地点后，就变成"从 3 月 15 日到 4 月 15 日，每天早上 7 点在书桌前背 4 个英语单词"。你会发现，这时目标就变得更加有行动指导性了。

3. 预案，保证目标顺利完成

预案就是提前计划好，当有意外发生、影响目标执行时，用什么方式继续完成目标。之所以要做预案，是因为事情的发展是会变化的，目标在实施过程中可能不会一直很顺利，我们要通过做预案保证目标的完成情况。

很多孩子不会制定预案，在完成目标的过程中被意外事件影响时，觉得计划被打乱了，感觉很挫败，不再坚持。因为一开始定下目标的那一刻，孩子内心也是很期待的；当计划被打乱时，心里的期待和现实产生落差，就会失望。

怎么制定预案呢？还是拿上面的例子来说明，"从 3 月 15 日到 4 月 15 日，每天早上 7 点在书桌前背 4 个英语单词"，父母可以通过提问引导孩子思考：

- 有没有什么意外可能会使目标不能进行？
- 这个时间会不会受影响，然后导致目标不能进行？

父母要引导孩子思考可能出现的阻碍，并制定出应对方案。比如，孩子说他有可能会忘记或者起晚了，可以通过闹钟或父母提醒的方式进行提醒；还有可能孩子那天状态不好，没能完成计划，那就提前制定好预案——遇到这种情况时当天晚上睡觉前补上。

所以加了预案后，目标就变成"从 3 月 15 日到 4 月 15 日，每天早上 7 点在书桌前背 4 个英语单词。为防起晚耽误，现在就定好每天早上的闹钟。如果因为别的原因耽误而没能完成，那么就在当天晚上睡觉前补上。"

有了预案，孩子就能更从容平静地应对意外事件，同时孩子心里也有了一个信念：没有完美的目标，有困难、有阻碍是正常的，只要想办法克服并坚持下去就行。

之前我接触过一个孩子，他制定了目标：每天要练两道数学应用题。坚持了几天，孩子每次做完题都很有成就感、很开心。后来有一次因为学校临时加了学习任务，他原本完成应用题的时间被占用了，接连两天没有完成目标，等孩子回过神儿来，他觉得都断了两天了，斗志也没了，就干脆放弃了。你看，没有制定预案，目标的执行就容易受影响。

预案对于父母来说也非常重要，当父母引导孩子说出一些目标时，父母内心同样是满怀期待的。但如果父母也没有考虑到一些意外的影响，孩子做不到的时候父母内心也会失望，不自然地就陷入负面情绪中，觉得制定了的目标孩子怎么就不能完成呢。于是父母很容易跟问题"站在一边"而去指责孩子，继而引发孩子的逆反情绪。

4. 激励，推动孩子达到目标

在完成目标的过程中，设置一些小激励，可以更好地推动孩子达到目标。

激励的方式可以有很多，比如下面这些精神上的激励。

- 每天背了 4 个单词，就会收到一张来自父母的表扬小纸条。
- 每天背了 4 个单词，就能在打卡表上打上一个对钩。

也可以是下面这些物质上的激励。

- 每背 1 个单词，就能获得 1 积分，积分可以在未来兑换一些自己想买的玩具、文具或者零花钱、外出跟朋友玩的权益等。
- 如果 30 天内坚持的天数达到 25 天以上，可以一家人一起吃顿好吃的庆祝一下。

对于大一些的孩子，比如小学五年级及以上的孩子，父母完全可以跟孩子讨论，看他觉得设置一些激励对他达成目标有没有帮助，听听孩子的想法。

当然，如果孩子提出一些不切实际的激励，父母也可以直接拒绝，告诉孩子激励是为了让他在坚持的过程中增强一点点动力，但不是他去完成这个目标的全部目的。

设置物质激励，会不会让孩子为了物质而努力，不是发自内心地努力呢？

如果这件事是孩子很想做的，那就尽量设置精神激励。如果这件事情孩子想做的动力不足，这时候设置物质激励是可以的，我们可以物质激励和精神激励并用。

比如虽然孩子被物质激励吸引着做事，但我们也及时去发现孩子做得好的地方，表扬他，赞美他，这样会让孩子慢慢不那么依赖物质激励，转而被获得的成就感驱动前进。

5. 配合，协助孩子达到目标

第五个要素叫配合。孩子的自律性还不够强，父母的适当监督是很有必要的，可以根据前四步梳理出来的目标细节，与孩子讨论好达到目标的过程中父母如何协助、配合他。

比如，前面案例中孩子定下的目标，需要父母配合的是"每天早上 7 点 30 分的时候跟孩子确认他是否背完了单词"。对于三年级以上的孩子，也可以让孩子主动找父母打卡。

以上就是如何围绕标准、场景、预案、激励、配合五个要素，引导孩子制定一个有标准、有行动指导性目标的方法。

要素	我要更努力学英语
1/ 标准	每天背 4 个英语单词
2/ 场景	从 3 月 15 日到 4 月 15 日，每天早上 7 点在书桌前背 4 个英语单词
3/ 预案	从 3 月 15 日到 4 月 15 日，每天早上 7 点在书桌前背 4 个英语单词。为防起晚耽误，现在就定好每天早上的闹钟。如果因为别的原因耽误而没能完成，那么就在当天晚上睡觉前补上
4/ 激励	从 3 月 15 日到 4 月 15 日，每天早上 7 点在书桌前背 4 个英语单词。为防起晚耽误，现在就定好每天早上的闹钟。如果因为别的原因耽误而没能完成，那么就在当天晚上睡觉前补上。每背 1 个单词，就能获得 1 积分，积分可以在未来兑换一些自己想买的玩具、文具或者零花钱、外出跟朋友玩的权益等

要素	我要更努力学英语
5/ 配合	从 3 月 15 日到 4 月 15 日，每天早上 7 点在书桌前背 4 个英语单词。为防起晚耽误，现在就定好每天早上的闹钟。如果因为别的原因耽误而没能完成，那么就在当天晚上睡觉前补上。每背 1 个单词，就能获得 1 积分，积分可以在未来兑换一些自己想买的玩具、文具或者零花钱、外出跟朋友玩的权益等。需要父母配合的：每天早上 7 点 30 分的时候跟孩子确认他是否背完了单词

当然，孩子仍然可能在做的过程中坚持不下去，这时候父母一定不要责备孩子，不要对他说"你看，明明定得那么详细，结果你说好了又做不到"。孩子执行不下去，父母要跟他一起找原因，跟他站在同一战线去面对问题，没有哪个孩子是不希望自己顺利完成计划的。

孩子坚持不下去，原因可能有很多：有可能是这个目标的执行方式不适合；有可能是某些方法不够好导致效果不好，孩子总得不到正反馈；也有可能孩子的目标会改变，本来想提升英语多背单词，但最近听了数学老师的一堂课，觉得对数学的兴趣来了，于是背单词没那么有动力了。这都是有可能的。

下一节，我会详细再讲讲当孩子坚持不下去的时候我们要怎么办。

5.4

坚持不下去？
用 WOOP 沟通法，激发孩子的战斗力

? 孩子坚持不下去，是因为意志力太差了吗？

有时候孩子发自内心地想改变，也制定了具体的目标和详细的计划，但仍然会在执行过程中坚持不下去，想要放弃。很多时候，父母或者孩子自己都会觉得，这是因为吃不了苦、意志力太差。但其实并不是这样，坚持不下去是很正常的，我们每个人都会遇到类似的情况。

比如，我们下定决心想多学点知识，于是买了课程和图书，结果却没好好学。又如，我们觉得自己得注意身体健康了，货比三家后终于选中一家健身房办了卡，最后却没去几次。并不是因为我们太懒、意志力不够，而是因为当我们买了课、买了书、办了卡时，

我们心里的焦虑就已经得到了缓解，继续行动的动力自然就减少了。

　　所以，各位父母，请认清现实！几乎没有人每定一个目标就能100%完成，当发现孩子制定了目标而不能坚持的时候，我们要做的是通过沟通，增强孩子的行动力。

1. 激发孩子战斗力的 WOOP 沟通法

　　W 代表 wish，是愿望的意思，指的是孩子内心希望达成的愿望或目标，比如孩子的愿望是在学期末的时候数学成绩考入全班前五。

　　第一个 O 代表 outcome，是指结果，指的是愿望实现后的结果是怎么样的。比如，孩子考入全班前五，他幻想对应的结果是，班主任会表扬他，会让他在班会上分享自己的学习经验，这会让他觉得很有成就感。父母也会很认可他，于是在假期的时候会给他更多管理自己的空间等。通过让孩子幻想结果，可以增强孩子内心想要达成愿望的动力。

　　第二个 O 代表 obstacle，是指障碍。当幻想完愿望和美妙的结果后，就需要思考愿望和现实之间的差距了，否则就会一直沉浸在对美好的愿望和结果的幻想中，不想面对现实。这一步主要就是引导孩子思考，想要达到这个愿望，当前有哪些困难。

　　P 代表 plan，是指计划。这一步很关键，障碍会让我们觉得有阻力，如果不制定出应对障碍的具体计划，就很容易觉得障碍太多，然后直接逃避继续努力。很多人都是卡在这一步。

比如，我们提醒孩子："你不是想考入年级前五吗？你现在就需要克服这道数学难题啊，克服了它才能离你的目标更近一步。"如果只是走到这里，其实就缺少第四步"plan"的部分，孩子可能仍然很难继续行动，因为他还需要进一步的协助，需要父母引导他分析，面对现在的这道难题，他到底要怎么解决。

分析到什么程度呢？分析到能清晰地描述出如果遇到什么障碍，就怎么做。孩子要能一条条把这种对应的问题、解决方式列出来。

2. 如何用 WOOP 沟通法促进孩子英语提分

之前我接触的一个学生，她想提高英语成绩，制定好学习目标和计划后，仍然会遇到坚持不下去的情况，于是来求助我，我问她："回想一下，你的愿望是什么？"她说她的愿望是在期末考试的时候把英语分数提升 20 分（W，愿望）。

我继续问她："仔细地想象一下，如果提高了 20 分，你会有什么不一样呢？"

她很兴奋地说："如果提高了 20 分，那英语就不会拖我的后腿了！而且英语成绩上去了，我以后就有机会申请香港的大学，我旅游时去过那里，我真的很喜欢那里的氛围。还有就是，我的几个好朋友英语都很好，我也希望我跟她们一样。"

这就是她幻想的结果（O，结果）。

我问她："你想要提高 20 分，之前也制定了具体的计划，现在有哪些阻碍呢？"（O，障碍）

她皱起眉头，说："我吧，就喜欢那些挑战性大的事，我觉得背单词太机械了，真的很枯燥。还有就是，当自己累的时候我会想偷懒、懈怠。"

我问她："如果你觉得背单词很枯燥，想想看，有什么方式能有效克服？"（P，计划）

她说："嗯……强迫自己背？"

我问她："你试过这个方法吗？有用吗？"

她说："我试过，效果不太好。"

我问她："结合你刚刚提到的，再想想有没有什么更有效、更有挑战性一些的方法？"

她想了一会儿说："我想到一个好办法！我可以把几个单词连在一起尝试造句，还可以把造出的句子跟我的好朋友交流，这样我就会更愿意背单词，也就更有动力了。"

我说："我听着感觉挺好的，你很厉害嘛，想出这么个好办法！你刚刚还提到有时候会懈怠，遇到这种时候，你又要怎么克服呢？"

她说："嗯……就是提醒自己，要加油、坚持。老师，你有什么好方法吗？"

我说："我有个想法，把你喜欢的大学的图片多打印一些出来，贴在你的书桌上或者放在你的英语课本里，这样就能更好地提醒你。你觉得这样会有效果吗？"

她很开心地跟我说："听上去很不错！我觉得可以试试。"

我最后对她说："现在你已经针对阻碍想出了应对的方法，为了更好地提醒自己，我建议你把刚刚说的'阻碍＋应对方式'都用'如果×××，我就×××'的句式写下来，然后放在能提醒你的地方，比如你每次是在家里的书桌旁记单词，就贴在你的书桌上。"

后来她照做了，用这样的方式，继续坚持着自己的学习计划，朝着目标前进。在这个过程中，她出现过坚持不下去的情况，但每次我都会用这样的方式帮助她分析问题，加油打气。

最后那个学期期末，她的英语成绩比原来提高了 12 分，虽然没有达到她"提高 20 分"的目标，但是她很兴奋，觉得付出的努力有回报，在英语学习上变得更加有信心和动力。

WOOP 沟通法的步骤一个也不能少，而且是有严格的顺序的，一定是先想愿望和结果，再想障碍。如果先去想障碍，再去想好的愿望和结果，常常会过分聚焦于障碍，反而导致退步不前，没有效果。这也是很多时候孩子行动困难的原因。

如果你从来没有用过这个方法，前期尝试实践的时候，建议你从对孩子来说简单一些的目标入手，因为当孩子制定的目标难度更大时，你对 WOOP 沟通法要足够熟练才能更有效地帮助孩子，所以先从简单的目标开始，你会更容易成功，这样你和孩子都能看到使用 WOOP 沟通法的效果，从而能更有信心地一起迈向下一个目标。

父母可以这样做

在孩子身上实践 WOOP 沟通法前，你最好先亲身实践一下，比如针对自己想实现的某个目标，与自己先进行一场使用 WOOP 沟通法的对话。

5.5

孩子听不进批评？
促进孩子主动改正错误的话术

1. 为什么父母明明为了孩子好，他却听不进批评？

孩子在成长的过程中，免不了会犯错误，面对孩子的错误，父母也容易犯一个错误：把批评变成了责备。比如以下这些表达。

"你怎么又做错了？之前不是出过类似的错误吗？你长脑子是干吗的？"

"你可真行啊，我觉得再做 100 遍你也还是这个样子。"

"我跟你说了多少遍了？你就是听不进去！你就不能好好听话，改改吗？"

父母误以为提高声音分贝、表达愤怒、给孩子施加压力，他就会更长记性，下次就不会再犯同样的错误。其实这样不仅起不到作用，可能还会对孩子造成不良影响。

当父母责备孩子的时候，其实刺激的是孩子大脑中负责对情绪起反应的杏仁核部位，这时候孩子会感受到压力、恐惧；但是想要让孩子改正错误，需要的是他能理性思考，大脑中负责理性思考的部位是前额叶。可当杏仁核部位被激活的时候，前额叶部分是受到抑制的，也就是说当父母责备孩子的时候，孩子根本没法理性地思考他到底哪里做错了，为什么会做错，以及下次要怎么做。

而且，如果经常性地吼、骂、责备孩子，孩子就会经常性地感觉到压力，他大脑中的杏仁核部位会变得更敏感，这就意味着孩子会对压力、焦虑更加敏感，稍稍有点压力，孩子的情绪就会很大，然后本能地选择逃避或者对抗，比如通过撒谎逃避，通过狡辩对抗。

2. 促进孩子主动改正错误的话术

当孩子在学习上做错事，父母如何批评孩子才能既不伤害孩子，又能促进他改正呢？我把批评时的沟通话术总结成了如下四个步骤：询问 / 描述事实，询问想法，支持行动，询问计划。

第一步，询问 / 描述事实。

询问 / 描述事实就是指询问或描述实际发生的事情。这一步需要注意的是：要表达事实，而不是主观评价，避免给孩子贴标签。

比如跟孩子说："老师跟我说，你考试的时候把书打开来抄，被他发现了，是这样吗？"这就是表达"事实"，只是在客观地描述孩子做过的动作、事情。

但如果跟孩子说："我听说你又不守纪律，考试作弊了，是吗？"这种表达就属于主观评价。人在听到客观事实的时候内心是没什么波动的，但在听到评价尤其是负面评价的时候，就很容易逆反。

我们再来感受一下这两种不同的表达方式。想象一下这是你爱人对你说的话：

"你这周有三天都回家很晚。"（描述事实）
"我发现你最近一点儿都不顾家。"（主观评价）
"最近好几次我说话，你没有回应我。"（描述事实）
"我觉得你最近一直忽略我。"（主观评价）

感受到描述事实与主观评价之间的差别了吗？主观评价是在事实的基础上加上了自己的看法，很多时候都容易言过其实，给人贴上某种标签，容易让人内心觉得很不爽，很想反驳。

跟孩子沟通也是一样，当你跟孩子说"我听说你又不遵守纪律，考试作弊了，是吗？"就给孩子贴上了"不遵守纪律、作弊"的标签，孩子就很容易逆反，听不进你后面想跟他说的话，他可能会觉得："反正你已经觉得我不守纪律，我完全是错的，那我就这样吧，罪名都担了，我就不想变好了。"

所以我们在批评孩子的时候，应尽量描述事情过程中孩子的行为或动作，少做主观评价，少贴标签，这样能减少孩子的对抗情绪。

我还想提醒一下：如果你亲眼看见孩子犯错的过程，就不用再询问事实了，因为孩子很可能会因为有压力而撒谎。当我们明明知道孩子犯错还听到他当场撒谎时，会很容易生气，控制不住情绪。当我们已经很清楚孩子犯错了，这时直接描述我们所看到的事实就行了。

第二步，询问想法。

询问完事实，紧接着就是询问想法。这时可以先听听孩子自己的想法，给孩子表达的空间。比如问问孩子，对这次的事情他是怎么想的。

有的孩子心里很清楚自己的行为是不对的，父母没有指责他，他反而可能自己承认错误。

有的孩子可能没有意识到自己的错误，或者沉默不言，甚至狡辩，比如说："我就是翻开书看一眼，确认一个特别小的点，而且我抄的部分也没有得到分，对这次考试其实没影响，我也没影响到别人的成绩，这有什么问题吗？"

这时候，我们就需要把这件事情中的道理讲给他听，告诉孩子他这样的行为对他自己、对别人的影响是什么。就拿上面孩子的话举例，我们可以回应孩子说："问题的关键不在于抄的部分有没有得到分，而在于你抄的行为是破坏学校规则的。你闯一次红灯没出事，大家看到后都跟着一起闯红灯，那规则就被破坏、就失效了，以后过马路，遭受危险的是我们自己。别人看到你打破规则，会觉得你是个不守规则的人，以后和你合作，他们会担心你会不会又不守规则，这会影响别人对你的信任。我想你肯定也不希望你的同学、老师、朋友这样看待你、不相信你，对吗？"

在这一步，父母要做的是分析孩子为什么会做错，孩子是不是有一些偏颇的想法，或者孩子没有意识到这样的行为会对自己、他人造成影响，把这个道理结合他能理解的事例讲给他听。

第三步，**支持行动。**

与孩子交流完想法，第三步就是支持孩子改变行动。不仅要告诉孩子他哪里做错了，更重要的是告诉他怎么做才能做对。情绪化的吼、骂、责备之所以没有用，就是因为这样的"批评"只能让孩子感受到自己错了、不好，而没法让孩子接收到"怎么做才能好"的信息。

批评的目的不是让孩子服膺我们，而是为了让孩子变得更好。

如何支持孩子改变行动呢？首先我们可以肯定孩子积极的地方，去描述他积极的行为，这样的肯定会让孩子觉得自己并不是一无是处、什么都做错了，从而更相信自己能改好，增强改变的动力。

还拿刚刚的例子来说明，孩子翻书照抄，积极的地方是什么呢？说明孩子对自己的考试成绩很在意。他说"我没影响到别人"，说明他至少知道，影响到别人是不好的。

所以，虽然孩子行为不对，但他这些积极的部分是值得肯定的。我们可以对孩子的这些积极点给予肯定，并跟他讨论怎么样可以更好地达到他的目标。比如跟孩子说：

"我感受得到，你很想考好，你肯定有自己的目标和期待，这是好事。而且你也知道，影响到别人是不好的，这说明你是个懂规矩的孩子。那我们来想想，怎么样可以既不违反规则、影响到别人，又能实现你对成绩的期待呢？"

"你说你考试的时候只是想看一个小点的内容，在考试时，这样的一些小知识点经常困扰你吗？有没有什么办法能更好地解决这些小知识点？我陪你一起想想，好吗？"

通过肯定孩子的积极之处并跟孩子讨论方法去支持孩子的改变，孩子改错才会更有动力、更有方向。

第四步，询问计划。

最后，跟孩子讨论完，最好让孩子再亲口说说他的计划，一方面确保前面的讨论孩子真的理解了、梳理清楚了；另一方面，我们也把把关，看看孩子改错的计划是不是靠谱。比如问孩子：

"接下来你准备从哪儿开始行动呢？"

"过程中可能会遇到什么阻碍吗？遇到了要怎么解决？"

"听你说完，我想到有这样的一个阻碍可能会出现，你有考虑到吗？到时候怎么应对呢？"

"这个过程中，有什么是我能帮到你的吗？"

以上就是促进孩子主动改错的批评步骤。

描述事实，让孩子感受到我们只是就事论事，没有评价或指责你，于是觉得跟我们的沟通很安全，不会产生逆反。

询问想法，让孩子感受到我们帮助他的姿态和耐心，于是会更愿意跟我们一起去讨论解决问题的办法。

支持行动，能让孩子获得实际的解决问题的方法，从而更有动力和信心改正错误。

询问计划，能引导孩子自主思考、规划接下来的行动，促进孩子更快进步。

孩子在学习的过程中，一定会犯很多错误，改错需要的是动力和支持，而不是恐惧与自责。当我们的批评能给孩子提供动力和支持时，错误对孩子来说就不是终点，而是一个又一个学习、成长的起点。

父母可以这样做

1. 把批评的四个步骤记录在你的手机备忘录里，下次准备批评孩子的时候，请及时查看。

2. 如果以往你经常通过责骂、大吼、讽刺、比较等方式去批评孩子，不妨跟孩子道个歉，减少一些孩子受到的伤害，孩子也会从父母的身上学到如何承担责任、如何爱护自己心爱的人。

后记

关怀自己，陪伴孩子成长成材

有很多家长问我："谢老师，道理我都懂，可面对孩子我有时候还是没耐心，会发脾气，怎么办呢？"

首先我们需要知道，我们对孩子没耐心，常常有这么几个原因。

首先的一个原因是我们自己太疲惫了。生活节奏越来越快，工作的压力、照顾老人的压力、照顾孩子的压力，这些压力让我们常常透支自己。我们是一个好员工或好领导，是好妈妈或好爸爸，是好女儿或好儿子，是别人的好朋友，可唯独，太少的时候是我们自己。

所以我常常跟家长说：再忙再累，都一定请先照顾好自己，每天能有 5~15 分钟的时间只属于自己都行，做点自己想做的事，吃点自己想吃的东西，想想自己刚刚度过一天后是什么心情，内心的需求是什么。总之，我们自己才是那个最重要的人。

实在没有精力教孩子的时候就先不教了，先好好休息一下再说，这并不是一种自私，照顾好自己，才有可能照顾好其他人。

还有的时候，家长焦虑、没耐心，是因为不理解孩子。很多家长都觉得：我小时候都没这么多事，我的爸妈也没很好地倾听我、鼓励我，没有这样去辅导我，我照样长大成人，现在的孩子怎么这么脆弱？

其实，不是孩子脆弱，而是他们需要我们不一样的呵护。孩子跟我们生在不一样的时代，我们跟孩子就像两株不同的植物，一株只需要一点阳光，给足水分就能自己生长；另一株生下来就在有更多水分的地方，所以更加需要阳光，否则就长不好。我们跟我们的父母不一样，所以我们承担着跟我们自己的父母不一样的养育下一代的任务，这是我们自己作为父母的超越与成长，也是我们面临的挑战，那么，你愿意接受它吗？

最后，家长的焦虑还来源于缺少有效的教育方法。就拿培养习惯这件事来说，如果我们不知道培养孩子的一个习惯有多么复杂，具体要如何做，只是凭本能和感觉去教育孩子，那一定会发现花了很大力气却收效甚微，这时候我们最容易做的就是怀疑孩子——他是不是态度不好？他是不是不够努力、不够自律？或者怀疑自己——我没有一点权威，我的孩子就这样了，我教不好了。

但我相信，如果你看了书里的内容，这部分的焦虑会消解很多，因为你一定会发现，教育孩子本身就是一件辛苦、复杂的事情，你会更客观地去要求自己、期待孩子。另外你也会发现，教育孩子是有一整套方法和经验可参考的，这些方法会让你更加踏实：我不是不行，只是不会而已，多学习、多练习，就会了！

我还想提醒你的是：不用焦虑，书里提到了很多方法，但不是每一个都要在孩子身上用一遍。每个孩子的发展路径都是不同的，需要的"养分"也是不同的。从你和孩子觉得最愿意、最值得、最容易尝试的方式开始。如果你仍然不确定用什么方法，可以多看几遍书里的内容，也可以通过答疑通道与我讨论。

书里还提到了很多不正确的教育方式，对此也别担心，孩子不会因为我们说错一句话就毁了。没有 100 分的家长，只要我们能够开始学习，承认自己的不足并跟孩子坦诚沟通，我们就永远是孩子心中那个最重要的领路人。孩子需要的不是完美的父母，而是真实的父母。

同样，没有 100 分的孩子，只要我们愿意给孩子试错的空间，给孩子提供切实的支持，孩子一定能慢慢成长成材。所以，照顾好自己，不要焦虑，陪伴孩子成长，也试着去享受这个自己成长的过程！

致谢

在这里我想要向一些特别的人表达我的真挚感谢和深深的敬意。

首先，要感谢阅读这本书的你，是你的信任让这本书更加有价值。

此外，我要感谢秋叶大叔、晓露老师和筝小钱老师，他们在整个出版过程中为我提供了专业的指导和帮助，让我少走了很多弯路。

我还想特别感谢那些一直支持我的专家、家人和朋友。感谢姜娜老师、谢伟老师和刘琳琳老师在我入行初期给了我很多指引和鼓励，感谢王蕾校长和陈颖校长对我专业上的认可与支持，感谢聂熙伦老师为我的书籍提供建议并绘制插图。

最后，我还要感谢曾经给过我反馈的所有家长和同学们，是你们的反馈让我坚定了写作的信心，使得这本书得以面世。

我无法用言语表达我的感激之情，希望这本书能让你感受到一些力量，给你一些启发和参考，这样我就非常非常满足了。